究極のリスクマネジメント

サステナブル・デリバティブ

可児 滋

はじめに

　持続可能な経済社会システムの実現に向けた取り組みを推進するには、巨額の投資が必要となります。また、機関投資家、個人投資家のSDGs、ESGへの関心は一段の高まりをみせています。こうした状況を背景に、内外のマーケットでサステナビリティの要素を組み入れた金融商品が増加をみており、つれてさまざまなサステナビリティ投資戦略が誕生しています。

　このように、サステナビリティ関連投資が増加するなかにあって、投資のリスクマネジメントが重要な課題となってきました。

「リスクのあるところ、デリバティブのニーズあり」

　サステナビリティの世界において、デリバティブが持つリスクマネジメント機能を活用する動きが頭をもたげています。エクイティ市場でもデット市場でもサステナビリティがいよいよ重要な要素となるなかで、サステナブル・デリバティブの展開に注目が集まるのはごく自然の傾向であるとみることができます。

　例えば、サステナブル・ファイナンスの有力なツールとしてグリーンボンドの発行が活発化するなかで、グリーンボンドの発行者サイドも投資家サイドもリスクヘッジのためにデリバティブの有効活用を模索しています。

　売り手のディーラーはESG関連商品のデリバティブを開発、顧客に売るスタンスを強めています。また、買い手も株主を含むステークホルダーからSDGs等の目標達成を強く求められ、その対応にデリバティブへの関心を強めています。

　そこで本書では、サステナビリティリスクへのデリバティブの活用をテーマに「サステナブル・デリバティブ」(グリーン・デリバティブ)を中心に検討することとします。

　それには、まずサステナビリティリスク、就中、環境リスクにはどのようなものがあるかを概観したうえで、リスクマネジメントのためのサステナブル・デリバティブ戦略をみることとします。

　サステナビリティリスク・マネジメントを金融面から取り上げる場合、サステナビリティ関連の投資リスクマネジメントのほかに、もう1つの論点と

して、サステナビリティリスクそのものに対応するヘッジ戦略があります。

このうち、後者のサステナビリティリスクにはさまざまなカテゴリーがある中で、気候変動に伴うカタストロフィリスク、天候リスクに焦点を当ててみることにします。

一般にデリバティブは、金融、証券、コモディティの分野においてすでに活発に取引されていますが、SDGs、ESG関連のサステナブル・デリバティブとなると、マーケットはまだ萌芽期から成長期への途上といった状況にあります。

したがって、現状ではサステナブル・デリバティブのスペックが完全な形で標準化されている例は多くありませんが、そうした中で具体的にどのような取引が行われているか、また、開発可能であるかを探っていきます。

本書は、拙著の前々作「グリーン・ファイナンス」、前作「サステナビリティ×フィンテック」に続くサステナビリティ・シリーズ第3弾です。

本書を含むサステナビリティ3著書の刊行にあたっては、日本橋出版株式会社の大島拓哉社長に大変お世話になりました。紙上をお借りして厚くお礼を申し上げます。

本書が、今後、大きな成長が見込まれるサステナブル・デリバティブとその活用戦略について、読者の皆様の考察の一助となれば幸甚です。

2024年1月　可児 滋

目次

はじめに 2

序章 **サステナビリティ・リスク** 10

① 伝統的なデリバティブのサステナブル・ファイナンスへの応用 12

② サステナブル特性を持つ新たな構造のデリバティブ 12

第1章 **サステナビリティ・リスクとデリバティブ** 16

① サステナビリティとデリバティブ 16

(1) サステナブル・ファイナンスにおけるデリバティブの役割

(2) サステナブル投資へのチャネル

(3) リスクヘッジ手段の提供

(4) 透明性、価格発見機能、効率性の向上

(5) サステナビリティの長期目標に対応

② サステナブル・デリバティブの種類 21

第2章 **サステナビリティリンク・デリバティブ** 22

① サステナビリティリンク・デリバティブのコンセプト 22

(1) サステナビリティリンク・デリバティブの定義と特徴

(2) 伝統的なデリバティブとサステナビリティリンク・デリバティブ

② サステナビリティリンク・デリバティブとKPI 27

(1) KPIの役割

(2) サステナビリティリンク・デリバティブの多様化と各種KPI

(3) サステナビリティリンク・デリバティブにおけるKPIの位置づけ

(4) KPIの分類

(5) ISDAのKPIガイドライン

③ サステナビリティリンク・デリバティブと
金利スワップ、通貨スワップ等 —————————— 43
(1) サステナビリティリンク・金利スワップ
(2) サステナビリティリンク・通貨スワップ
(3) サステナビリティリンク・為替予約、FXヘッジ取引
(4) サステナビリティリンク・通貨オプション
(5) 地方銀行のサステナビリティリンク・デリバティブの提供

④ サステナビリティリンク・デリバティブの構築 ———— 56
(1) 取引の期間
(2) 期限前手仕舞い
(3) サステナビリティリンク・デリバティブの
キャッシュフローへのインパクト
(4) 契約条項の明確化

⑤ サステナブル・デリバティブの標準化に向けて ———— 57
(1) デリバティブ標準化の意義
(2) ISDA によるサステナブル・デリバティブ標準化の検討

第3章 **サステナブル・クレジットデリバティブ** 66

① クレジットデリバティブ ————————————— 66
(1) クレジットデリバティブのコンセプト
(2) クレジットデフォルト・スワップ

② サステナブル・クレジットデフォルト・スワップ ——— 70
(1) CO_2 排出量とクレジットデフォルト・スワップ
(2) ESGと株式・債券の信用リスク
(3) CDS指数とESG CDS

第4章 ESG関連取引所上場デリバティブ　　80

① 取引所上場デリバティブの特徴 ·· 80
　(1) 標準化
　(2) 信用リスク
　(3) 市場流動性
　(4) 透明性
② ESG指数デリバティブの上場取引所　　83
　(1) ESG指数デリバティブ
　(2) EurexのESG株価指数・債券先物、オプション
　(3) ICEのESG株価指数先物
　(4) CMEのESG株価指数先物
　(5) Cboe Global MarketsのS&P 500ESG指数オプション
　(6) 大阪取引所のESG指数先物

第5章 カーボンマーケットとデリバティブ　　94

① カーボンマーケット ··· 94
　(1) キャップ・アンド・トレード
　(2) プライマリーマーケットとセカンダリーマーケット
　(3) ボランタリーカーボンマーケット
② カーボンマーケットとデリバティブ ································· 109
　(1) カーボンマーケットにおけるデリバティブの役割
　(2) カーボンデリバティブ活用の実践
　(3) カーボンデリバティブの取引所取引
　(4) カーボンデリバティブのOTC取引

第6章 再生エネデリバティブ　　122

① 再生エネ・低炭素燃料デリバティブ ──────────── 122
② 電力購入計画 (PPA) 先物 ───────────────── 124
　(1) PPAのコンセプト
　(2) PPAのメリット
　(3) PPAの種類
③ グリーン電力証書先物:REC先物 ─────────────── 135
　(1) 再エネ証書
　(2) REC
④ 風力指数先物 ─────────────────────── 143
　(1) Nasdaq
　(2) Nodal Exchange
⑤ 再生エネ燃料先物、オプション ─────────────── 145
　(1) バイオマス燃料
　(2) RFS、RIN

第7章 コモディティ・サステナビリティ　　154

① コモディティ・デリバティブ取引所とサステナビリティ ──── 154
② 生産者に対するサステナビリティの要請 ─────────── 155
　(1) 責任ある調達
　(2) LME、COMEXのサステナブルメタル先物
③ グリーンエコノミーに向けた商品上場 ─────────── 157
④ 透明性、トレーサビリティ、ディスクロージャーの向上 ──── 159
　(1) LMEパスポート
　(2) マレーシアのパーム油認証制度
⑤ 低炭素経済への移行促進に向けたサステナビリティ商品の上場 ── 161
　(1) 低炭素燃料先物
　(2) 低硫黄燃料油先物

第8章 **カタストロフィデリバティブ・天候デリバティブ** 166

① カタストロフィデリバティブ ⋯⋯⋯⋯⋯⋯⋯⋯⋯⋯⋯⋯⋯⋯ 166
    (1) カタストロフィリスク
    (2) カタストロフィデリバティブ
② 天候デリバティブ ⋯⋯⋯⋯⋯⋯⋯⋯⋯⋯⋯⋯⋯⋯⋯⋯⋯⋯⋯ 175
    (1) 天候リスクと天候デリバティブ
    (2) 天候リスクの計測とリスクマネジメント
    (3) 天候デリバティブのコンセプトと特徴
    (4) 天候デリバティブと損害保険
    (5) 天候リスクの定量化
    (6) 米国の天候デリバティブ
    (7) 日本の天候デリバティブ

コラム 🌲

序章
  ■ デリバティブ取引のフレームワーク ⋯⋯⋯ 13

第1章
  ■ CCUS、CO_2 隔離 ⋯⋯⋯ 17

第2章
  ICMA のグリーンボンドの4原則 ⋯⋯⋯ 23
  金利スワップ ⋯⋯⋯ 26
  グリーンウォッシング ⋯⋯⋯ 28
  ISDA によるサステナビリティリンク・デリバティブの分類 ⋯⋯⋯ 32
  Scope1、2、3 ⋯⋯⋯ 42
  LEED ⋯⋯⋯ 44
  サステナビリティリンク・ローン原則 ⋯⋯⋯ 46
  CDP ⋯⋯⋯ 51
  CME のサステナブル・デリバティブの清算業務 ⋯⋯⋯ 58

第 3 章

責任投資原則（PRI） ……… 72

負のカーボンリスクプレミアム ……… 75

第 4 章

サステナビリティ促進に対するデリバティブ取引所の役割 ……… 84

国連グローバルコンパクト ……… 90

第 5 章

非化石証書 ……… 108

物理的リスク、移行リスク ……… 110

カーボンオフセット ……… 113

GXリーグとGX–ETS ……… 116

第 6 章

再生エネインフラとプット・コールオプション ……… 123

日本におけるPPAの導入例 ……… 126

カレンダースプレッド、アベレージプライスオプション ……… 147

第 7 章

水資源と水先物 ……… 158

第 8 章

CATボンドとCatEPuts ……… 169

エルニーニョ現象、ラニーニャ現象、ヒートアイランド現象 ……… 176

線状降水帯と気象衛星 ……… 180

weatherXchange ……… 186

損害保険と天候デリバティブの組み合わせ ……… 196

キャップ ……… 203

天候オプションのプレミアム ……… 212

脚注 ………………………………………………………………………………… 220

参考文献 ……………………………………………………………………………… 230

　サステナブルエコノミーを達成するためには、長期に亘ってESGの各要素がバランスよく進展することが重要です。そして、こうした条件を満たすには、環境や自然資源の保護等が前提となり、そのためには長期間に亘って莫大な資金を要し、また、さまざまな分野に亘る企業がアクションを起こす必要があります。

　IEA（International Energy Agency、国際エネルギー機関）とIMF（International Monetary Fund、国際通貨基金）の分析結果では、ネットゼロに向けてエネルギー産業で必要となる投資額は、世界全体で2030年までに5兆ドルという巨額になると推計しています[1]。

　こうした状況下、世界の金融市場参加者にとってグリーンエコノミーの実現が大きな関心事となり、機関投資家、個人投資家によるサステナブル投資が増加しています。サステナブル投資は、グリーンローン、グリーンボンドといったデットから、ESGを組み入れた株式型ETF、私募投信等のエクイティまで、さまざまな形態をとっています。

　金融市場は、環境変化に対応してサステナブルエコノミーを達成するために企業が必要とする資金を供給する、という重要な役割を担っています。

　このように、資金の適正配分という機能を担う金融市場は、サステナビリティないしサステナブルなリソース・マネジメントの分野で不可欠のインフラとなります。

　およそ、投資にはそれがどのような形態をとろうとも、多かれ少なかれリスクが随伴します。特に、サステナブル投資は、その性格上長期に亘ることが多く、効率的なリスクマネジメントが不可欠となります[2]。

　金融市場は、グリーンエコノミーの実現に向けての円滑なファイナンスはもとより、それに関わるリスクヘッジのツールを提供する必要があります。

　そして、金融市場のなかでリスクマネジメントの場として重要な役割を担っているデリバティブマーケットは、グリーンファイナンスに関わるリスクを回避しながら資金をサステナブルな分野に効率的に配分する格好のインフ

ラであるということができます。

　デリバティブは、企業や投資家が晒されるリスクを適切にマネージして、ビジネスやポートフォリオが持つリスクをヘッジする機能を発揮します。

　このように、デリバティブマーケットは、ヘッジ機能を提供することによりリスクマネジメントを効率的に実践する役割を持つとともに、原資産（underlying asset）が持つ先行きの情報を提供することにより透明性を高める重要な役割を果たし、中長期の性格を備えるサステナビリティの実現に貢献することができます[3]。

　すなわち、金融市場でいまや重要なマーケットであるデリバティブは、資金調達サイド、投資サイド双方にとって、サステナブル投資のリスクプロファイルを把握し、リスクマネジメントを適切に実施する目的で活用されるポテンシャルを持っています。

　具体的には、サステナブル・デリバティブは、株式、債券、ローンといった伝統的な資金調達に関わるリスクプロファイルを資金調達サイドと資金供給サイド双方にとってサステナビリティ指向のニーズにマッチするよう変更する機能を持っています。

　例えば、外国為替（FX）サステナブル・デリバティブは、企業の海外における風力発電建設プロジェクトに関わるFXリスクをヘッジするとともに、デリバティブの提供サイドは受け取ったプレミアムを使って国連のSDGs原則に沿って森林再生・保全プロジェクトに投資する、といった内容の契約にすることができます[4]。

　もっとも、環境、自然資源、気候変動等のインパクトはいずれも長期に亙る性格にあることから、伝統的なリスクヘッジツールをそのまま適用することは困難なケースが少なくありません。

　そこで、サステイナビリティ・デリバティブには、伝統的なデリバティブをESGに結び付けて応用するほかに、サステナブルな特性を持つ新たな構造のデリバティブが登場しています[5]。とりわけ、サステナビリティのパフォーマンスにリターンがリンクしたESG投資の重要性が増しており、こうした取引のニーズに対応する形でデリバティブマーケットが拡大をみています。

① 伝統的なデリバティブのサステナブルファイナンスへの応用

SDGsの実現には多額の資金が必要となりますが、そうしたサステナブルファイナンスのツールとして先頭を走っているのがグリーンボンドです。

このグリーンボンドにも一般の債券同様、金利リスク、信用リスク、外為リスク等が随伴します。

デリバティブはこうしたリスク環境のなかでヘッジツールとして機能します。すなわち、金利スワップやクレジットデフォルトスワップ等の伝統的なデリバティブがリスクエキスポージャーをヘッジする役割を担うことになります。

② サステナブル特性を持つ新たな構造のデリバティブ

サステナブル金融商品に対する投資が増加するにつれて、ESGターゲットに直結し、サステナビリティのパフォーマンスやそのインパクトにリターンがリンクしたデリバティブを求める需要が高まってきました。

一般的に、こうしたサステナビリティリンク・デリバティブ（SLD；Sustainability-Linked Derivatives）は、伝統的なヘッジツールである金利スワップや通貨スワップ、先渡しスワップ等にESG要素を付加するという形で取引されています[6]。これにより、サステナビリティ・ターゲットを設定した多種多様なKPI（Key Performance Indicator）を使ってカスタマイズされた取引を構築することができます。

もっとも、サステナブル・デリバティブには、これがスタンダードだという商品の品揃えが多くはなく、現在ではOTC（相対）取引が中心となっています。

なお、サステナビリティないしESG自体の定義がはっきりしないことから、企業にとってESG関連にどれだけ資本を投じるか、また、どれだけESGリスクをヘッジすることが適当かがはっきりしないという批判があります[7]。

しかし、その一方でこれだけサステナブル投資が増加していることが、サステナブル・デリバティブマーケットの増加につながるのは時間の問題だと

いった指摘があります。

　こうした問題のカギを握る要素の1つは、マーケットと投資対象商品の透明性、ディスクロージャーであり、それが市場流動性に厚みをもたらすことに繋がると考えられます。

　以下の各章では、さまざまな課題に対応しながら、サステナブル・デリバティブマーケットがどのように展開しているか、また、先行きサステナブル・デリバティブマーケットが市場参加者のニーズを汲みながら規律ある成長プロセスを辿るにはどのような要素が重要となるか、を中心にみることにします。

コラム 🌲 デリバティブ取引のフレームワーク

　デリバティブ取引は、そのペイオフ（損益）パターンにより、先物ないし先渡し、オプション、スワップの3つに大別することができます。

　このデリバティブの仕組みや機能については、以下、各章の関連個所で個別に詳述しますが、ここでは、ごく簡単にその骨格をみることにします。

①先物・先渡し

　先物と先渡しは、将来の一定の日に、ある原資産（デリバティブ取引の対象）の一定量を、現時点で決めておいた価格で売買することを約束する取引です。

　したがって、先物・先渡しの買い手も売り手も、先物・先渡し取引の期日が到来した時点の現物価格がどうであっても、予め決めておいた価格（先物・先渡し価格）でもって売買する義務を負うことになります。

　このように、先物と先渡しは、その内容に差異はありませんが、先物は、それが取引所において取引されるのに対して、先渡しは、取引所以外で取引が行われ、これをOTC（over-the counter）取引（相対取引、店頭取引）といいます。

　なお、デリバティブの取引対象を原資産（underlying asset）といいます。

たとえば原油先物の原資産は原油であり、通貨先物の原資産は通貨（外国為替相場）となります。そして、先物の対象が資産から、たとえば気温や降雪量等の気象条件、さらには CO_2 等の環境関連にまで裾野が広がることによって、原資産という言葉が必ずしも相応しくないケースも出てきていますが、それでも多くの場合、原資産といった呼び方がされています。

②オプション

　オプション取引は、オプションの期日到来時、またはオプションの期間中、原資産を予め決めておいた価格で買う権利（コールオプション）、または売る権利（プットオプション）の売買取引です。

　期日到来時のみ権利行使できるオプションをヨーロピアンオプション、オプションの期間中、いつでも権利行使できるオプションをアメリカンオプションと呼んでいます。

　オプションは選択権であり、オプションの買い手が権利行使するか権利放棄するかは、オプション取引のときに予め決めておいた価格（権利行使価格）の水準とオプションの期日到来時、または期間中、マーケットで取引されている原資産の時価の水準との比較で決まります。

　オプションの買い手は権利行使価格が自分の利益になる水準であれば権利行使して、そうでなければ権利放棄すればよいこととなります。これに対してオプションの売り手は、買い手が権利行使した時には必ずこれに応じる義務がありますが、買い手が権利放棄をした場合には義務を負うことはなくなります。

　先物取引では、先物の買い手も売り手も双方が、先物期日が到来した時点のマーケットの相場がどのようになっていても予め決めておいた先物価格で売買取引を実行しなければならない義務を負う双務契約です。

　これに対して、オプション取引では、買い手は、相場が上がったとき（コール）または、下がったとき（プット）だけ権利行使をすることになり、売り手は、買い手が権利を行使した場合にこれに応じる義務があるというように、売り手だけが義務を負う片務契約です。

　オプションの買い手は、こうした選択権を得る代わりに、売り手に対して

選択権の購入代金としてオプション料（プレミアム）を支払います。

　オプションは、取引所でもOTCでも活発な取引が行われています。

③スワップ

　スワップ取引は、2当事者間で、将来、ある対象物を交換する契約です。

　交換対象は、金利や通貨、コモディティ、株価指数といった金融商品、さらにはサステナブル関連商品等、多岐に亘っています。

　交換する通貨が同一のスワップが金利スワップ、異種の通貨の場合が通貨スワップになります。金利スワップを円－円スワップでみると、円の固定金利と変動金利との交換をするスワップがあります。すなわち、当事者の一方は、固定金利払い・変動金利受け（ペイヤーズスワップ）、他方は、固定金利受け・変動金利払い（レシーバーズスワップ）となります。これは金利スワップのスタンダードといえるもので、プレーンバニラスワップと呼ばれることもあります。

　スワップ取引は、取引所に上場されている例もありますが、大半が企業と仲介業者（金融機関）との間、あるいは金融機関と金融機関との間でのOTC取引で行われています。

第 1 章

サステナビリティ・リスクとデリバティブ

(1) サステナビリティとデリバティブ

　サステナブル・エコノミーの実現には、環境や社会にベネフィットをもたらす投資の促進が必要となるとともに、適切なリスクマネジメントと資金調達サイドの透明性、ディスクロージャーが重要となります。

　デリバティブは、こうした諸課題に対応しながら、サステナビリティを効率的に達成するために重要な役割を担っています。

　金融セクターは、低炭素経済への移行の推進にあたって必要となる資金をグリーンプロジェクトに振り向けるチャネルの機能を発揮しますが、サステナビリティを指向する長期の目標を持つプロジェクトには、長期、巨額の資金投下が必要となります。

　例えば、排出量削減、気候変動対応のための投資には、ゼロカーボンテクロジーの開発、CO_2の回収・利用・貯留（CCUS；Carbon Capture, Utilization and Storage）テクロジーの促進、自然気候ソリューションによるCO_2隔離（emissions sequestering）、物理的リスクに対応するためのインフラやテクロジーの開発等、多大の投資を必要とします。

| コラム 🌲 | CCUS、CO_2 隔離 |

① CCUS

　産業活動により排出された高濃度の CO_2 を、ほかの気体から分離して集め（capture）、貯留（storage）、必要に応じて取り出して利用（utilization）する技術。

　セメント・コンクリートセクターから排出される CO_2 を回収して再利用する技術の実証や、コンクリートが固まる際に大気中の CO_2 を吸収して固定するコンクリート製品の実証等が、世界で進んでいます[1]。

　また、日本政府全体で取り組んでいる MOONSHOT プログラムでは、産業活動により排出される CO_2 だけではなく、大気から直接 CO_2 を回収する Direct Air Capture 技術を開発しています。

② CO_2 隔離

　CO_2 が大気中に排出されることを抑制する手段。

　森林や草原等が CO_2 を吸収して土壌や海洋等に CO_2 を貯留する「生物学的隔離」や、工場や発電所で燃焼させた化石燃料から排出された CO_2 を地層や岩石、海底に貯留する CO_2 回収貯留（CCS；Carbon Capture and Storage）プロジェクトによる「地質学的隔離」があります。

　このなかで、海洋隔離については、生態系への影響等の評価が必要で、さらなる研究が必要とされています。

(1) サステナブル・ファイナンスにおけるデリバティブの役割

　デリバティブは、サステナビリティ・エコノミーの実現に向けて、具体的に次の点で寄与します[2]。

①デリバティブは、サステナブル投資を活発にする資金のチャネルを提供する。

②デリバティブは、サステナブル投資のリスクヘッジ手段を提供する。

③デリバティブは、サステナブル投資に対して透明性、価格発見機能、マーケットの効率性の向上に資する。

④デリバティブは、サステナビリティの持つ長期目標にフィットするポテンシャルを持つ。

　こうしたデリバティブの機能は、実経済におけるサステナビリティに関連した投資関連情報を金融市場に伝達し、投資家が企業の実経済における行動がサステナブル・エコノミーへの移行にポジティブな影響を及ぼしているか、ネガティブな影響を及ぼしていないか、の評価を下すことにより、長期的なサステナビリティの目標に貢献するということができます。

　以下、この4点についてやや詳しくみることにします。

(2) サステナブル投資へのチャネル

　デリバティブは、サステナブル投資を活発にする資金のチャネルを提供します。このように、サステナブル・デリバティブがSDGsに注力する企業に資金を振り向ける機能を発揮するツールとして活用されるようになったのは、比較的最近のことです。

　サステナブルプロジェクトは、その実現までに長期間を要し、プロジェクトを推進する期間中、各種の不透明なリスク要因が横たわっているケースが少なくありません。

　しかし、デリバティブは、こうした先行きの見通しが難しいグリーンファイナンスでも、投資を促進する重要な役割を果たします。

　例えば、長期投資が必要な再生可能エネルギー（再生エネ）プロジェクトにあっても、投資家はデリバティブというヘッジツールを活用して適切なリスクマネジメントを実施の上、資金を投入することができます。

　一方、金融機関はグリーンファイナンスの借り手の信用リスクをヘッジする目的でデリバティブを活用することにより、サステナビリティを指向した投資プロジェクトに融資することができます。

　サステナブル・デリバティブは、グリーンプロジェクトに投融資するサイドだけではなく、資金調達をするサイドにおいても活用され、こうした状況は、第2章以下で詳述するサステナブル・デリバティブマーケットの発展プロセスの中にみられるところです。

(3) リスクヘッジ手段の提供

　デリバティブは、サステナビリティに関わるリスクヘッジ手段を提供します。

　デリバティブは、金融市場におけるリスクマネジメントの目的で広く活用されていますが、サステナビリティに関連した金融リスクの管理にも活用されるという重要な役割を担っています。

　例えば、デリバティブは気候変動リスクをヘッジする有効なツールとなっています。デリバティブは、ポートフォリオを気候変動等の環境リスクから守って、不規則なキャッシュフローを予測可能なリターンに変換する役割を果たします。

　このように、デリバティブは、リスク管理されたサステナブル投資をサポートすることにより、流動性の厚いコスト効率的なサステナブル・マーケットを提供します。

　サステナブル・デリバティブがヘッジ機能を発揮する代表例としてクレジットデフォルトスワップ（CDS；Credit Default Swap）があります（クレジットデフォルトスワップについては第3章で詳述）。クレジットデフォルトスワップは、サステナビリティ・リスクにより財務面で悪影響を受ける企業の信用リスクの管理を目的として活用することができます。

　また、電力会社はSDGsリンクの債券・ローンについて金融機関との間で通貨スワップを組むことにより、再生エネへの新規投資に関わる為替相場や金利リスクをヘッジして、排出量削減のターゲットの達成に向けて推進することができます。

　そして、商業・住宅不動産担保証券への投資に特化しているアセットマネジャーは、地震、台風等による借り手の返済不能リスクをヘッジする目的でカタストロフィデリバティブを活用することができます（カタストロフィデリバティブについては第8章で詳述）。

(4) 透明性、価格発見機能、効率性の向上

　デリバティブは、サステナブル投資の透明性、価格発見機能、マーケットの効率性向上に寄与します。

　具体的には、投資家はデリバティブマーケットの動向から原資産（デリバティブの対象）の先行き価格を予測することができます。

　これは、デリバティブマーケットが情報を逸早く吸収する特性を持つことから、デリバティブのフォーワード・ルッキングの機能が発揮されることによるものです。

　例えば、クレジットデフォルトスワップ・マーケットは信用リスクに関わる情報を消化、発信する極めて効率的なマーケットとなっています。

　現状、OTC取引が多いサステナビリティ・デリバティブの標準化が先行き進捗して上場商品となると、こうしたデリバティブマーケットの特性である透明性、価格発見機能が発揮されることが期待されます。

(5) サステナビリティの長期目標に対応

　サステナビリティは、文字通り長期に亘って健全な環境・社会・経済を持続可能にすることを本質としますが、デリバティブは、こうしたサステナビリティの持つ目標に寄与することができます。

　例えば、損害保険会社は気候変動等によるカタトロフィ・リスクをCATスワップ（catastrophe swap）により資本市場へ転嫁することができます。CATスワップは、保険会社がカタトロフィ・ポートフォリオを機関投資家に移転する機能を持ちます（CATスワップについては第8章で詳述）。

　デリバティブが長期リスクをヘッジする役割を担うもう1つの具体例に農業があります。

　天候デリバティブは、天候の変動により農業収入等が不安定となるリスク

を抑制します（天候デリバティブについては第8章で詳述）。

② サステナブル・デリバティブの種類

　サステナブル・エコノミーへの移行を確固たるものとすることを指向して気候変動等への対応が本格化するにつれて、多額の資金が投入されることが必要となっています。こうした資金投入には金融市場が重要な機能を発揮し、また、サステナブル投資に関わるリスクマネジメントが重要となります。

　前述のとおり、デリバティブは、サステナブル投資やファイナンスに関わる市場参加者に対して、ヘッジ機能、市場の透明性・効率性向上、価格発見機能を提供することにより、サステナブル・エコノミーへの移行促進に重要な役割を果たします。

　こうしたサステナブル・デリバティブの代表的なカテゴリーには、次のような種類があり、以下の各章で順次、詳しくみていくこととします。

①サステナビリティリンク・デリバティブ（SLD；sustainability-linked derivatives）

②ESG関連クレジットデフォルトスワップ（ESG-CDS；ESG-related credit default swap）

③上場ESG関連株の株価指数連動の上場デリバティブ（exchange-traded derivatives on listed ESG-related equity indices）

④排気量取引デリバティブ（emissions trading derivatives）

⑤再生エネ・再生燃料デリバティブ（renewable energy and renewable fuels derivatives）

　また、サステナビリティ関連リスクとして代表的な気候変動等に伴う環境変化は、すべてのセクターに大きな影響を及ぼす恐れがあります。そして、そこから引き起こされるカタストリフィリスク、天候リスクへの対応にデリバティブが活用されます。

⑥カタストロフィデリバティブ（catastrophe derivatives）

⑦天候デリバティブ（weather derivatives）

第 2 章

サステナビリティリンク・デリバティブ

① サステナビリティリンク・デリバティブのコンセプト

(1) サステナビリティリンク・デリバティブの定義と特徴

　サステナブル投資の増加とともにSDGsにリンクして、サステナビリティ・パフォーマンスやインパクトにリターン等がリンクしたデリバティブ商品のニーズが高まっています[1]。

　こうしたニーズに応えて目覚ましい進展をみているのが、サステナビリティリンク・デリバティブ（SLD；sustainability-linked derivatives）です。

　サステナビリティリンク・ローン（SLL）やサステナビリティリンク・ボンド（SLB）と同様に、サステナビリティリンク・デリバティブは、当事者間で予め決めておいたKPI（Key Performance Indicator、重要業績評価指標）のパフォーマンスに金融資産のパフォーマンスがリンクするスペックとなっています。

　多くのサステナビリティ関連の金融取引が、そのファイナンスから得た資金をサステナビリティを目的とする投資に充てることを条件としていますが、サステナビリティリンク・デリバティブの場合は、資金使途についてサステナビリティ目的に限るといった制限を設けることはありません。この点は、サステナビリティリンク・デリバティブの大きな特徴であるということができます。

　例えば、グリーンファイナンスのなかで最も活発に発行、取引されているグリーンボンドについて、ICMA（International Capital Market Association、国際資本市場協会）が策定したグリーンボンド原則（GBP；Green Bond Principles）は、4つのコアとなる要素で構成されていますが、その第1の債

券の発行代り金の使途に関わる原則では「グリーンボンドによる調達資金は、グリーンプロジェクトのために使われることが必要である」とグリーンボンド発行代わり金の使途制限が謳われています。

　また、第3の調達資金のマネジメントの原則や、第4のレポーティングの原則でも、グリーンボンドによる調達資金がグリーンプロジェクトに向けられることを担保する内容となっています[2]（コラム参照）。

　これに対して、サステナビリティリンク・デリバティブでは、借り手は調達資金をグリーンプロジェクトとかソーシャルプロジェクトに使用するという制限を受けることはありません。

　例えば、企業が銀行からの融資で、その支払金利についてCO_2排出量削減等のKPIを設定します。もし、企業がKPIを達成できなければ金利の支払いが増加しますが、企業は融資で得た資金使途をサステナビリティ関連に限定されることはない、といったケースがサステナビリティリンク・デリバティブの代表例となります。

　そして、このような資金使途に関わる弾力性が魅力となって、サステナビリティリンク・デリバティブが幅広い企業により活用されることが予想されます。

　もっとも、こうした弾力性は、ややもすれば目指すべきサステナビリティの内容を緩やかなものとし、グリーンウォッシングのリスクを招く恐れがあります。このグリーンウォッシングを回避するカギを握っているのが後述するKPIの内容をいかに具体的、意欲的なものにするかにあります。

コラム 🌲 ICMAのグリーンボンドの4原則

　ICMA（International Capital Market Association、国際資本市場協会）策定のグリーンボンド原則は、次の4要素から構成されています[3]。

グリーンボンド原則

①債券の発行代金の使途（Use of Proceeds）

　グリーンボンドで調達される資金は、再生エネ、生物多様性の保全、持続

可能な水資源・廃水管理等、明確な環境面でのベネフィットを持つグリーンプロジェクトのために使われることが必要である。

②プロジェクトの評価と選定のプロセス（Process for Project Evaluation and Selection）

　グリーンボンドの発行体は、プロジェクトが持つ環境面での持続可能性の目的等を投資家に対して明確に伝えることが必要である。

③調達資金のマネジメント（Management of Proceeds）

　グリーンボンドによる調達資金は、サブアカウントやサブポートフォリオとして分別管理されて、グリーンプロジェクトへの投融資に確実の使用されることが必要である。

④レポーティング（Reporting）

　グリーンボンドの発行体は、調達資金の全額がプロジェクトに投入されるまで、資金使途に関する情報を年に一度開示し、また重要な事象が生じた場合には随時開示することが必要である。

　ISDA（International Swaps and Derivatives Association、国際スワップ・デリバティブズ協会）では、後述のとおりサステナビリティリンク・デリバティブの KPI に関わるガイドラインを発出していますが、今後、サステナビリティリンク・デリバティブ取引がさらに進展して標準形が出てくるようになれば、グリーンボンド原則のように、サステナビリティリンク・デリバティブ原則が策定されることが予想されます。

---

(2) 伝統的なデリバティブとサステナビリティリンク・デリバティブ

　サステナビリティの要素を織り込んだサステナビリティ金融商品は、CO_2ネットゼロ経済の実現に必要な資金を誘引する機能を担います。そして、それをデリバティブ商品とすることにより、流動性、価格の透明性が高まり、投資家にとってより魅力的な商品となることが期待できます[4]。

　こうしたサステナビリティリンク・デリバティブは、先物・先渡し、オプション、スワップといった伝統的なヘッジ商品にサステナビリティの要素を持つKPIを付加することにより組成されます[5]。

　このように、サステナビリティリンク・デリバティブは、伝統的な金融デリバティブ市場とサステナブル・エネルギーや気候変動対応策等、さまざまなサステナビリティに関わる目標とを結びつけるデリバティブであるということができます[6]。

　サステナビリティリンク・デリバティブは、取引当事者のニーズにマッチさせるために高度にカスタマイズされた商品を対象にしてOTC取引で行われることが多く、所詮はニッチマーケットであるとみられてきました。

　しかし、サステナビリティリンク・デリバティブは、当初はその多くが欧州で取引されてきましたが、その後、漸次、米国、アジアにも広がり、グローバルにさまざまな取引主体がさまざまな形で取引するケースがみられるようになっています。

CASE STUDY
👍 世界最初のサステナビリティリンク・デリバティブ取引：SBMオフショアとING[7]

　オランダの総合金融機関のING（Internationale Nederlanden Groep）とSBMオフショア（Single Buoy Moorings Offshore N.V.）は、2019年8月、世界最初のサステナビリティリンク・デリバティブを締結しました。

　SBMオフショアは、オフショアで原油や天然ガスの掘削を行うプラットフォームの販売・サービスを主な事業として展開するオランダの多国籍企業です。なお、SBMオフショアとINGは、このサステナビリティリンク・デリバティブをサステナビリティ・インプルーブメント・デリバティブ（SID；Sustainability Improvement derivative）と呼んでいます[8]。

　SBMオフショアとINGのサステナビリティリンク・デリバティブは、SBMオフショアが建設する石油・天然ガスを洋上生産で行う浮遊式生産・貯蔵・出荷設備（FPSO；Offshore's Floating Production Storage and Offloading facility）のファイナンスである10億ドル・5年変動金利のリボルビングクレ

ジットの金利リスクをヘッジする目的で締結された金利スワップです。

　この金利スワップでは、SBMオフショアが固定金利支払い・変動金利受取りとなります。SBMオフショアは、この金利スワップ取引によりINGから融資を受けている変動金利支払いのリボルビングクレジットを実質的に固定金利支払いに変更することになり、先行きの市場金利の上昇からくる変動金利の上昇をヘッジすることができます。

　このサステナビリティリンク・デリバティブは、SBMオフショアのサステナビリティ・パフォーマンスが金利にリンクする世界最初のデリバティブです。

　具体的には、SBMオフショアのサステナビリティ・パフォーマンスの状況により、SBMオフショアが支払うスワップの固定金利にプラスかマイナスのスプレッドが付加されます。

　すなわち、スワップの期間中、毎年初にINGはSBMオフショアと協議して、SBMオフショアのESGスコアのターゲットをKPIとして設定します。

　そして、SBMオフショアのESGパフォーマンスがターゲットに到達した場合には、SBMオフショアの固定金利支払いが5〜10bpsディスカウントされ、逆にターゲット未達の場合には、ペナルティとして5〜10bps上乗せした固定金利を支払うことになります。

　なお、SBMオフショアのパフォーマンスは、独立のESG格付け会社のSustainalyticsによりスコアリングされます。

....

コラム　🌲　**金利スワップ**

　金利スワップは、当事者間で決めた金額の元本から生じる金利を交換する取引です。したがって、金利スワップでは、金利の受払額がいくらになるかを計算するための元本を確定する必要があります。

　金利スワップの金利計算のもととなる元本については、取引当事者間で同一金額を交換しても意味がないことから、実際に元本金額の交換は発生せず金利のみの交換を行います。こうしたことから、金利スワップの元本は想定

元本と呼ばれます。そして、金利スワップのキャッシュフローは、想定元本に金利を乗じた金額となります。

　金利スワップの基本型は、将来の固定金利と変動金利を定期的に交換する取引で、固定金利支払い・変動金利受取りの取引当事者と、固定金利受取り・変動金利支払いの取引当事者との間の契約となります。

　例えば、変動金利による借り入れを行っている企業が、先行きの金利上昇をヘッジしようとする場合に、固定金利支払い・変動金利受取りの金利スワップを組むことにより、実質的に変動金利ローンを固定金利ローンにスイッチして、先行きの市場金利の上昇をヘッジすることが可能となります。

---

② サステナビリティリンク・デリバティブとKPI

(1) KPIの役割

　サステナビリティリンク・デリバティブは、サステナブルターゲットの遵守状況をモニターするように設計されたKPI（Key Performance Indicator、重要業績評価指標）の達成・未達成により、取引当事者の受け払いにインパクトがあるデリバティブです。KPIは、企業のビジネスにおいて達成することを目指すサステナビリティの目標として設定されます。

　したがって、KPIは、サステナビリティリンク・デリバティブを構成する要素として決定的に重要な役割を担っています[9]。

　特に、KPIの内容が真にサステナビリティの目標を意欲的に追及するものとなっているかがポイントとなります。この点、KPIで予め設定されるターゲット未達成の場合のペナルティや達成の場合のボーナスが、企業がサステナビリティに関わるビヘイビアを変えるインセンティブになるまで大きくないケースが出てくるのではないか、との懸念があります[10]。

　これは、前述のようにサステナビリティリンク・デリバティブでは、企業は融資で得た資金使途をサステナビリティ関連に限定されることはないという弾力性から、KPIを意欲的ではない内容にして、サステナビリティの名のもとに安易に融資を受けることになるのではないか、と同類の懸念であり、い

わゆるグリーンウォッシング（コラム参照）が発生することへの懸念です。

　ここで、サステナビリティリンク・デリバティブの枠組みを構築する金融機関は、取引の相手方の企業との間で企業のサステナビリティ戦略について議論を尽くして、KPIの内容やKPI達成・未達の場合のキャッシュフローへのインパクトの内容がサステナビリティに十分意義あるものに決めることにより、そうした懸念を払拭する、といった重要な役割を担っています。

　すなわち、サステナビリティリンク・デリバティブ発達のカギを握るKPIは十分意欲的な内容であり、またそれがどのようにキャッシュフローに影響を与えるかについて明確であるよう、高い透明性でもって正確に定義付けられなければなりません。

　そして、このことが、サステナビリティリンク・デリバティブ市場全体の信頼度向上に資することになります[11]。

　上述のSBMオフショアとINGのサステナビリティリンク・デリバティブ取引が実施されると、それに続いて取引当事者のパフォーンマンスに関わるさまざまなKPIを付したサステナビリティリンク・デリバティブが登場しました。

　こうしたKPIは、3年以上に亘るものも少なくなく、これはサステナビリティリンク・デリバティブが企業のサステナビリティに強力なインパクトを与えるツールであることを端的に表しています[12]。

コラム　🌲　グリーンウォッシング

(1) グリーンウォッシングのコンセプト

　グリーンウォッシング（green washing、グリーンウォッシュ）は、企業活動や製品について、実際には環境改善効果がないにもかかわらず環境保護に熱心に取り組んでいると見せかける偽善的な行為や、調達資金が環境事業に充当されていないにもかかわらず環境改善効果があると情報発信をすることを意味する環境用語です。

　ホワイトウォッシング（white washing）が、修繕が必要な建物等にとり

あえず漆喰を塗って取り繕うことから「ごまかす」という意味となり、それをもじってグリーンウォッシングという言葉が生まれました。

　例えば、CSR 報告書で内容とは無関係な緑の絶景スポットの写真を掲載するとか、エコとは無縁の製品について環境に優しいことを訴求する広告を出すといったケースが典型的なグリーンウォッシングです。

　グリーンウォッシングの有名な事例には、マクドナルドが、2009 年、欧州でロゴの色を赤色と黄色から緑色と黄色に変更したことや、米国のキンバリークラーク社がピュアでナチュラルとして売り出したおむつが石油化学製品でできていたこと等があり、いずれも強い批判の的になりましたが、グリーンウォッシングは、ファイナンスの世界においても懸念される問題となっています。

(2) 金融庁の ESG 投信に関する監督指針の一部改正

　このところ、名称や投資戦略において、ESG を掲げるファンドが国内外で増加しており、運用実態が見合っていないのではないかとのグリーンウォッシング問題が世界的に指摘されている状況下、金融庁では、2022 年 5 月公表の「資産運用業高度化プログレスレポート 2022」の「ESG 投信を取り扱う資産運用会社への期待」のなかで次のように述べています [13]。

・ESG 投信で企業価値に影響を与える ESG 要素をどのように特定・評価しているのか、ポートフォリオの決定にどのように活用しているのか、ESG 関連の事業機会の向上と事業リスクの低減に向けたエンゲージメント・議決権行使をどのように行っているのか等について、明確に説明できるよう、運用プロセスの高度化や開示の充実に取り組むべきである。

・企業分析の一要素として ESG 要素を考慮するにとどまる場合は、目論見書等において、殊更 ESG やサステナビリティ等を強調することにより、ESG を主たる特徴とする投資信託であるかのような誤解を投資家に与えないようにすべきである。

　そして、2023 年 3 月に金融商品取引業者等向けの総合的な監督指針の改正

を行い、ESG 投信の範囲を定めるとともに、ESG に関する公募投資信託の情報開示や投資信託委託会社の態勢整備について具体的な検証項目を定めました[14]。

　この改正では、ESG 投信の定義を、

① ESG を投資対象選定の主要な要素としており、かつ、

②交付目論見書のファンドの目的・特色に①の内容を記載しているもの、

と明確化し、また、投資家に誤解を与えることのないよう、ESG 投信に該当しない公募投信の名称・愛称に、ESG、SDGs、グリーン、脱炭素、インパクト、サステナブル等、ESG に関連する用語を含めない等、ESG 投信の範囲、開示、態勢整備等を内容としています。

　この中でも特に開示については、投資家の誤認防止、投資戦略、ポートフォリオ構成、参照指数、定期開示、外部委託の 6 項目を設けています。

---

(2) サステナビリティリンク・デリバティブの多様化と各種KPI

　サステナビリティリンク・デリバティブは、取引当事者のニーズにマッチさせる形でカスタマイズされることが多く、それを整然と分類することは容易ではありません。

　例えば、あるタイプのサステナビリティリンク・デリバティブは、相手方のサステナブルパフォーマンスが良好でサステナビリティ関連のターゲットを達成すれば相手方の支払いを減額するという内容で、SBM オフショアと ING の取引はこれに該当します。

　また、相手方のサステナブル目標達成により金利を割引され、逆に不達成の場合には取引当事者間で予め定めておいたサステナビリティプロジェクトに一定額を支払う内容のサステナビリティリンク・デリバティブもあります。

　このようにサステナビリティリンク・デリバティブの構成内容は多様化しており、KPI とそれに関連する価格付けやキャッシュフローは、さまざまな形をとります。

　具体的には、KPI を達成、または不達成の場合には、

・支払いの増加または減少がある、

・リベートやフィーが受払いされる、

・マージンやスプレッドの拡大または減少がある、

・サステナビリティプロジェクト関連のチャリティに寄付をする、

・プレミアムかフィーの一部を気候変動プロジェクトに投資する、

等です。

　また、サステナビリティリンク・デリバティブ取引で、異なる２つのKPIを設定して、それが各々の当事者に適用されることもあります。

　そして、サステナビリティリンク・デリバティブの大きな特徴は、KPIが伝統的なデリバティブの枠内においてキャッシュフローを生み出すことにあります。

(3) サステナビリティリンク・デリバティブにおけるKPIの位置づけ

　サステナビリティリンク・デリバティブは、KPIを参照するサステナブル要素を伝統的なデリバティブ取引に別途、付加することによりさまざまな形をとります。

　サステナビリティリンク・デリバティブがヘッジ目的で取引される場合には、原資産はサステナブル関連になることも考えられますが、必ずしもそうしなければならないわけではありません。そして、原資産がサステナブル関連でない場合には、KPIは完全に原資産から切り離されたものとなります。

　例えば、（1）でみたSBMオフショアとINGの間で締結された金利デリバティブでは、SBMオフショアの変動金利リボルビングクレジットファシリティの金利リスクをヘッジしています。この契約では、原資産にあたる融資はESG関連ではなく、Sustainalyticsによりスコアリングされた SBMオフショアの一般的な ESGパフォーマンスの状況次第により固定金利にプラスかマイナスのスプレッドが付加され、これはリボルビングクレジットファシリティから切り離されています。

　しかし、サステナビリティリンク・デリバティブのなかにはKPIが明確に原資産に組まれてサステナビリティにリンクするケースがみられます。以下でみる Nuovo Trasporto Viaggiatori と Natixis の間で締結されたサステナビリティリンク・金利スワップは、原資産である鉄道車両導入契約の中に低炭素

排出というサステナブルパフォーマンス指標を組み込んでインセンティブを与える構造となっています。

CASE STUDY

👍 **Nuovo Trasporto Viaggiatori と Natixis**

2020年1月、イタリアの私鉄会社 Nuovo Trasporto Viaggiatori（ブランド：Italo）は、11億ユーロのサステナビリティリンク・シンジケートローンをフランスの金融グループ BPCE 傘下の Natixis との間で組みました。

Italo はこの11億ユーロのうち9億ユーロを Italo のサステナブルパフォーマンスである低炭素排出の鉄道車両導入のファイナンスに向けています。

そして、当該ファイナンスの一環として Italo と Natixis との間でサステナビリティリンク・金利スワップが締結されました。この金利スワップには、両者の間で合意した Italo のサステナブルパフォーマンスである鉄道車両による低炭素排出の指標に Italo が到達した場合には金利低下のインセンティブを与えるメカニズムが組み込まれています。

> **コラム** 🌲 **ISDA によるサステナビリティリンク・デリバティブの分類**

サステナビリティリンク・デリバティブ取引は多様で柔軟に構築できることから、現状、業界としてのスタンダードは存在しません。

したがって、サステナビリティリンク・デリバティブはさまざまな切り口で分類することが可能です。例えば、ISDA（the International Swaps and Derivatives Association）では、サステナビリティリンク・デリバティブ（SLD）を上述で紹介した内容に沿って典型的な2つのタイプに分類しています[15]。

① SLD1

KPI がデリバティブのキャッシュフローに直接インパクトを与える形で、デリバティブのなかに組み込まれているタイプ。

例：KPI が達成された場合には、スプレッドの拡大、優遇為替レートの適用がある通貨スワップ。

② SLD2

KPI とそれに関連するキャッシュフローが、原資産であるデリバティブを参照する別個の内容で設定されるタイプ。このタイプでは、デリバティブ自体は KPI 如何により影響を受けない。

例：取引の相手方が KPI を満たした場合には、相手方に対する支払いが発生する。支払額は、デリバティブ取引の名目元本の一定割合とする。例えば、FX 先渡しとか FX スワップ取引の元本の一定割合の支払いが発生。

これまで取引されたサステナビリティリンク・デリバティブをみると、その大半は、金融機関とエネルギー、建設、農業、運輸等、サステナビリティに深く関係する業種に属する非金融機関の企業との間で契約されています。

こうした取引当事者の組み合わせには、KPI を一方の当事者である非金融機関の企業に適用するという共通のトレンドがあります。このように、一方に適用される KPI は、予め定めたターゲットに対する企業のパフォーマンス次第で、一方または双方の当事者が利益（支払の減少や利益供与、優遇金利の適用等）を得るか、ペナルティ（支払いの増加や金利の引き上げ）を被ることになります。

企業がターゲット未達の場合のペナルティの支払いは、以下でみる Siemens Gamesa と BNP Paribas のケースのように寄付の形をとることもあります。

このような形にすることは、企業が KPI を達成できなかったとの理由で金融機関が利益を得ているといったレピュテーションリスクを金融機関が望まない、という事情が背景にあるとみられます。

CASE STUDY

👉 **Siemens Gamesa と BNP Paribas**

　サステナビリティリンク・デリバティブ取引にチャリティの要素を織り込んだケースに、Siemens Gamesa と BNP Paribas との間で契約された FX（外国為替）ヘッジ取引があります[16]。

　この取引は、Siemens Gamesa が洋上風力発電用タービンを台湾の企業に売却したことによる FX リスクを抑制するための 174 百万ユーロの FX ヘッジ取引です。そして、BNP Paribas は、国連の SDGs にリンクする形で新たに構築したサステナブルデリバティブ・プラットフォームにより Siemens Gamesa の FX ヘッジ取引をグリーン取引と称して取り扱っています。

　このケースでは、Siemens Gamesa がターゲットを達成しなかった場合には、Siemens Gamesa は BNP Paribas にサステナビリティ・プレミアムを支払い、BNP Paribas は受け取ったプレミアムを森林再生プロジェクトに投資する取り決めとなっています。

　なお、サステナビリティ・プレミアムの額は、第三者のサステナブルファイナンス・スペシャリストの RobecoSAM が算出します。

(4) KPIの分類

　これまで取引されたサステナビリティリンク・デリバティブの KPI は、取引当事者の一方の企業のサステナブルパフォーマンスを判定するケースが一般的です。

　しかし、数少ないケースですが、双方の取引当事者に KPI を課してどちらかの取引当事者が KPI を満たすかどうかでキャッシュフローが影響される取引もみられます。こうしたケースでは KPI は各々の取引当事者のサステナビリティの目標に沿うよう、異なった内容となります。

　例えば、企業に適用される KPI は再生エネの発電にフォーカスを当てる一方、金融機関に適用される KPI はカーボンフットプリントの抑制にフォーカスを当てる、といった具合です。

　これまでサステナビリティリンク・デリバティブ取引で採用された KPI とそれに関連する事項をみると次のようになります[17]。

①環境にネガティブなインパクトを与える企業行動の抑止

　例えば、GHG排出削減、土壌への廃棄物投下削減、水使用節減、その他の汚染削減

②環境にポジティブなインパクトを与える企業行動の推進

　例えば、再生エネ使用の促進、エネルギー使用効率の向上、リサイクルの促進、生物多様性への注力

③取引の相手方のパフォーマンスをパリ協定や国連のSDGs等、国際的なサステナビリティの要請にリンクさせる。

④取引の相手方のサステナブルパフォーマンスを独立の第三者による格付けにより判定する。

　この場合、取引当事者は、格付けのどの側面を使用するのか明確にする必要があり、また、取引当事者が第三者の格付けに圧力をかける等、不当に影響を及ぼすことはできない。

⑤サステナビリティ関連マーケット・スタンダードにリンクしたKPI

　サステナビリティリンク・デリバティブ取引が増加すれば、マーケット・スタンダードが形成されることになり、こうしたマーケット・スタンダードが取引の相手方のベンチマークとして活用されることが見込まれる。

⑥先行きの国際合意にリンクしたKPI

　パリ協定に新たな国際合意が加わるとか、石油・ガス、航空・海運、鉱業等の特定の業界で国際合意がなされる可能性があり、そうした先行きの国際合意を見越してそれにリンクしたKPIが採用されることも考えられる。

(5) ISDA の KPI ガイドライン

　サステナビリティリンク・デリバティブにどのような KPI を使用し、その達成状況をいかに判定するかは、取引当事者のみではなく、サステナビリティリンク・デリバティブマーケットの発展のためにも、極めて重要なポイントとなります。

　特に、サステナビリティリンク・デリバティブに採用される KPI は、モラルハザードや利益相反、グリーンウォッシングの発生を抑制することを明確にしなければなりません。

　客観的に判定でき法的にも明確である KPI は、サステナビリティリンク・デリバティブの信用を高めることに繋がります。逆に、KPI の透明性が欠如した場合には、マーケット情報の不足を来たすことになり、価値評価や会計処理に問題が発生する恐れがあります。現に、企業の間では、サステナビリティリンク・デリバティブの KPI の ESG ターゲット設定やその達成の証明が容易でないことから、サステナビリティリンク・デリバティブ取引に積極的ではない、とする声も聞かれます[18]。

　サステナビリティリンク・デリバティブマーケットはまだ成長過程にあり、使われる用語も十分に統一されていない状況にあります。また、このデリバティブマーケットには、サステナビリティ・パフォーマンスを測定する統一的な基準が存在しません。

　サステナブル・デリバティブ市場の発展につれて、こうした基準が策定、適用されていくことが期待されます。

　ISDA では、このようなプロセスの一環として、KPI ガイドラインを公表しています[19]。このガイドラインのなかで、ISDA は KPI の要件として、①明確性、②測定可能、③証明可能、④透明性、⑤妥当性をあげています。

　ISDA の KPI ガイドラインの内容は、その多くが先に発出したサステナビリティリンク・ローンやサステナビリティリンク・ボンドの原則と共通しています。

❶ 明確性（Specific）

　KPIは、将来、取引当事者間で紛争が生じないよう、内容の曖昧さを排除して明確に定めなければならない。これにはいくつかの側面がある。

ⅰ　ESGターゲットは、書面化して明確に定めなければならない。

　ターゲットは、パーセントか量で示す必要がある。

　例：予め定めた期間中にGHG排出量を一定のパーセント削減する。

　　　予め定めた期間中に汚水の排水路への流出を一定量に抑える。

　　　発電所における再生エネによる発電量を総発電量の一定比率まで高める。

　こうしたターゲットは、特定の範囲やパラメーターを使わない限り、合理的とか重要といった抽象的なコンセプトの使用を避けることが勧奨される。

ⅱ　KPIは、取引当事者間で異なる解釈をすることが無いよう、明確に定めなければならない。

　例えば、KPIが取引の相手方だけに関わるものか、そうではなく取引の相手方が属するグループに関わるものか、また、ターゲットは企業の特定の部門だけに関わるものか、そうではなく企業のビジネス全般に関わるものか、を明確にしなければならない。

　全国的に、または国際的にビジネスを展開している企業は、ターゲットの地理的範囲を明確にしなければならない。また、ターゲットの地理的範囲は、比較可能で信頼のおけるデータが入手可能な地域であることが望ましい。

ⅲ　時間の範囲を明確にしなければならない。

　取引当事者は、例えば、基準年と進展がみられたかを測定する年、というようにターゲットがカバーする期間を明確に定める必要がある。

ⅳ　KPIの参照ポイント（reference point for a KPI）を明確にして、年次報告書等、公に確認できるようにすることが望ましい。

　KPIの参照ポイントの設定について情報を不足なく提供することにより、曖昧さを極小化しなければならない。

　取引当事者は、KPIの参照ポイントについて確実に理解したうえでこれを書面化しなければならない。

v　KPIの計算手法は、書面の中に記述されなければならない。KPIが満たされたかどうかは、算式か公式で示す必要がある。

　　　例えば、GHG排出に関わるターゲットの場合には、

・できればGHGプロトコルのような一般的に認められている算定方法を採る。

・KPIがすべて満たされたか、またはオフセットを使って一部が満たされたのか、もし後者であれば、オフセットによりどれだけ達成されたのか、それが妥当なオフセットであるか、を明確にする。

vi　KPIが予定された方法で適切に算定できなくなった事態に備えて、異なる方法で算定、計測することを予め決めておかなければならない。

vii　ESGターゲットが達成されたか、そうでないのかを明確に示すべきである。

　サステナビリティリンク・デリバティブの本質は、その経済的な特性が取引当事者がKPIを達成したかどうかで異なる点にある。

　このように、KPIを達成したか不達成かによる取引当事者に対する経済的なインパクトは、サステナビリティリンク・デリバティブの基礎となる書面に明記すべきである。

❷ 測定可能（Measurable）

　KPIは、定量的、客観的で、取引の相手方が達成可能なコントロールを持つものでなければならない。

　KPIが達成されたかどうかは、将来、紛争が生じないよう、曖昧さなく明確に定めなければならない。グローバル、または地域、産業のスタンダードを基にしてKPIを決定することにより、KPIを測定可能とすることができる。この典型例が国連のSDGsであるが、その他の科学的測定手法を活用するこ

ともできる。

　しかし、こうしたことが可能ではないケースもあり、その場合には取引当事者が年次報告書やサステナビリティレポート等で明らかにしていた自身のパフォーマンスのターゲットをベンチマークにすることができる。

　KPIを信頼厚く効果あるものにすることは、グリーンウォッシングを抑止して、サステナビリティリンク・デリバティブマーケットをさらに発展させるために、極めて重要である。

❸ 証明可能 (Verifiable)

　取引当事者が予め定めた期間内にKPIを達成したかどうかを、一方の取引当事者か、独立した第三者によって証明されなければならない。

　KPIを設定する際には、取引当事者はKPIの証明に必要な情報の可用性と透明性を考慮しなければならない。

i　独立した第三者による証明

　一般的に、モラルハザードやグリーンウォッシングを抑止する観点から第三者による証明が勧奨される。

　しかし、特に中小の取引当事者とか小規模の取引の場合には、コスト等の理由で社内の監査部門による証明が選好されることもある。この場合には、取引当事者はデリバティブ取引に関わるミスリーディングな言明を禁止する規則を遵守する必要がある。

ii　一方の取引当事者による証明

　KPIの内容如何により、第三者による証明が可能ではないとか妥当ではないといったことがあり、そうしたケースには代わりに一方の取引当事者が証明の任を負うことになる。

　その場合、一方の取引当事者は、証明のために厳格な手続きを行い、もう一方の取引当事者から請求があった場合にはそれに応えることができるようにそれを書面化しなければならない。また、証明側の取引当事者が企業内部の個人に証明の責務を任命する場合には、その個人が十分の専門性を持って

いることが条件となる。

　こうした点に配意することにより、自己証明に付きまとう利益相反の疑い
を回避して評判リスクを抑止することができる。

　ⅰ、ⅱいずれのケースにおいても取引当事者は、KPIが達成されたか否か
について争いが生じた場合に解決ができるようなメカニズムを予め検討、制
定することも考えられる。

❹ 透明性（Transparent）

　取引当事者がサステナビリティリンク・デリバティブ取引を実施した場合
には、関係する当事者がその情報を入手できるようなプロセスを形成しなけ
ればならない。

　その場合、取引当事者は、次の事項を決定する必要がある。

ⅰ　情報の内容
ⅱ　情報提供の相手方
ⅲ　情報提供の頻度と機微に亘る情報の扱い方

　KPIが達成されたか否か等の情報の公開・非公開については、サステナビ
リティリンク・デリバティブマーケットに対するインパクト、ディスクロー
ジャー規制、インサイダー取引規制等、さまざまな側面から慎重に検討する
必要がある。

❺ 妥当性（Suitable）

　グリーンウォッシングの懸念を排除するために、当該取引当事者はデリバ
ティブの構造からみて妥当なKPIを選択することを勧奨する。

　選択されたKPIは、サステナビリティの目標を積極的に推進するものの、取
引当事者双方にとっては異なる意味合いを持つことになる。

　すなわち、取引当事者にとって、KPIの規模、地理的な場所、当該企業が
属する業種、現存のESG目標といった要素がその意味合いに影響を及ぼすこ
とになる。

　また、KPI到達をモニターする期間とサステナビリティリンク・デリバ
ティブの期間も検討を要する。もし、KPI到達をモニターする期間が短いよう

であれば、サステナビリティリンク・デリバティブがサステナビリティを促進する明確な効果が発現されない恐れがある。

　グリーンウォッシングを排除するために、取引当事者はこうした要素を勘案して自己のビジネスに妥当であり意味あるKPIを選択しなければならない。

　具体的には、取引当事者は次の諸点を勘案してKPIを選定しなければならない。

i　KPIが当該取引当事者のビジネスにとって戦略的に重要であること。

　取引当事者は、ターゲットの地理的範囲、ビジネスの範囲をできるだけ広くカバーするKPIとすべきである。GHGでいえば、Scope1、2を含めるべきであり、妥当な場合にはScope3も含めることが必要である。

ii　KPIが当該取引当事者のESG戦略と整合的であること。

iii　KPIのターゲットが当該取引当事者のコントロールが及ぶ範囲内にあること。

iv　KPIが十分意欲的なものであり、単に通常のビジネス（BAU；business as usual）を表したものではないこと。

v　KPIが当該取引当事者の重要なサステナビリティ課題に対応していること。

　ISDAは、サステナビリティリンク・デリバティブ取引に対する企業のスタンスを前向きにしようと以上の内容のガイドラインを発出しましたが、市場関係者の間にはそれがさして具体的ではないとして、その効果を疑問視する声も上がっています[20]。

　特に取引当事者が懸念していることは、ESGターゲットとなるKPIがマーケットの期待に沿ったものであるかが明確に把握できないことから、業界のスタンダードから乖離したグリーンウォッシングとなるのではないかとの疑念を払拭できないことにあります。ISDAでは、さらに取引当事者からのヒアリング等を通じて、こうした批判に応えるよう、ガイドラインのブラッシュアップ等が行われることが期待されます。

コラム 🌲　Scope1、2、3

　GHG は、原材料調達・製造・物流・販売・廃棄等、自社内の直接的な排出と自社事業に伴う間接的な排出を合わせて総合的に把握する必要があり、これをサプライチェーン排出量と呼んでいます。

【図表1】Scope1、2、3とサプライチェーン排出量

Scope1	事業者自らによるGHGの直接排出（燃料使用、工業プロセスでの排出）
Scope2	他社から供給された電気、熱・蒸気の使用に伴う間接排出
Scope3	Scope1、Scope2以外の間接排出（事業者の活動に関連する他社の排出）
サプライチェーン排出量 = Scope1排出量 + Scope2排出量 + Scope3排出量	

（出所）環境省、経済産業省「排出量算定について」、環境省・みずほリサーチ＆テクノロジーズ「サプライチェーン排出量の算定と削減に向けて」

　Scope1 と Scope2 は、自社の排出、Scope3 は、その他の間接排出となります。

　このうち、Scope3 は自社以外の企業に働きかける必要があること等から、Scope1、Scope2 に比べると、その把握には相当の努力を必要とします。

　サプライチェーン排出量の把握により GHG 排出が特に多いホットスポットを特定することができ、環境対策を的確に策定して GHG の効率的な削減を実行することができます。

　日本では、地球温暖化対策の推進に関する法律（温対法）に基づき、GHG を相当程度多く排出する者（特定排出者）に、自らの GHG の排出量を算定して国に報告することが義務付けられています。

③ サステナビリティリンク・デリバティブと金利スワップ、通貨スワップ等

代表的なサステナビリティリンク・デリバティブは、金利スワップ、通貨スワップ等のFXデリバティブとクレジットデフォルトスワップ（CDS；Credit Default Swap）です。このうち、CDSは、次章に譲るとして、ここでは、金利スワップと通貨スワップ等のFXデリバティブについてみることとします。

(1) サステナビリティリンク・金利スワップ

サステナビリティリンク・金利スワップ（IRS；Interest Rate Swap）は、上述の世界最初のサステナビリティリンク・デリバティブであるSBMオフショアとINGの間や、Italo–Nuovo Trasporto ViaggiatoriとNatixisとの間、Siemens GamesaとBNP Paribasとの間で締結されたほかに、次のようなケースがみられます[21]。

CASE STUDY
👍 **Goodman Interlink と Credit Agricole CIB**

2020年11月、物流倉庫等の産業用不動産（industrial property）の所有・開発・管理等を行う香港のGoodman Interlinkは、Credit Agricole CIBとの間で590百万香港ドルの金利スワップを締結しました。

これは、アジアにおける最初のサステナビリティリンク・金利スワップです[22]。

このサステナビリティリンク・金利スワップでは、Goodman Interlinkが固定金利支払い・変動金利受け取りとなります。そして、Goodman Interlinkの固定金利支払いは、対象となる施設のグリーン条件が達成されれば優遇金利が適用され、逆に未達の場合には通常の金利となります。なお、両社は、この金利スワップをグリーン金利スワップと呼んでいます。

グリーン金利スワップでGoodman Interlinkが優遇金利を享受するためには、対象となる施設が次の2つのグリーン条件を満たす必要があります。
i　世界で広く活用されているグリーンビルディングの格付けシステムである米LEED（コラム参照）で、シルバー認証を得ること。

ii 香港でグリーン認証に特化している組織である BEAM Society Limited（建築環保評估協會）から建物の環境アセスメントでゴールド認証を得ること。

....

コラム　🌲　LEED

LEED（Leadership in Energy and Environmental Design）は、米国 NPO のグリーンビルディング協会（USGBC；US Green Building Council）が開発・運用し、グリーンビジネス認証会社（GBCI；Green Business Certification Inc.）が認証審査を実施しているグリーンビルディング評価システムです[23]。

LEED は、有限な資源の使用の削減を進め、人々の健康に良い影響を与え、再生エネを促進している建築物の認証を行っています。

LEED は、建物の 1 要素のみに焦点を当てるのではなく、CO_2、エネルギー、水、廃棄物、交通、資材、健康、建物内部の環境等、建物を巡る総合的な観点で評価します。

評価点の構成は、気候変動関連 35％、健康への直接の影響 20％、水資源への影響 15％、生物多様性への影響 10％、グリーンエコノミー 10％等です。

LEED には、建物・環境プロジェクトの違いにより 5 種類の認証カテゴリーが用意されています。

・建築設計、建設：BD ＋ C ＝ Building Design and Construction
・インテリア設計、建設：ID ＋ C ＝ Interior Design and Construction
・既存ビルの運用、メンテナンス：O ＋ M ＝ Building Operations and Maintenance
・近隣の開発：ND ＝ Neighborhood Development
・住宅：HOMES ＝ Homes

LEED 認証の取得には、グリーンビルディングとして具備する必須条件（Prerequisite）を満たし、また、選択項目のポイント（Credit Point）を取得することが必要となります。

LEED は、プロジェクトの得点に応じて、4 段階でレベル評価の認証を行

います。

- ・Certified（40 － 49points）
- ・Silver（50 － 59points）
- ・Gold（60 － 79points）
- ・Platinum（80 ＋ points）

CASE STUDY

👍 New World Development と DBS Hong Kong

　2020年11月、香港の不動産開発業者の New World Development（NDW）と DBS Hong Kong は、国連の SDGs にリンクした金利スワップを締結しました[24]。

　このサステナビリティリンク・金利スワップは、2019年に NWD が DBS から借り入れた10億香港ドル、5年のサステナビリティリンク・ローンの金利リスクをヘッジする目的で締結したものです。

　この金利スワップでは、NWD が New World Sustainability Vision 2030 で採択された国連 SDGs に貢献する B2Bi（business-to-business integration、企業間統合）を8つ以上成功させれば、DBS は、NWD が手掛けるソーシャルイノベーション・プロジェクトのスポンサーになる、との内容となっています。

　この NWD のソーシャルイノベーション・プロジェクトには、DBS がソーシャルインパクトパートナーとなっている国連 SDGs スタートアップ・アクセレレーターであり企業統合プログラムである Impact Kommons が含まれています。

> ## コラム 🌲 サステナビリティリンク・ローン原則

サステナビリティリンク・ローン原則（SLLP；Sustainability Linked Loan Principles）は、サステナビリティリンク・ローンに関する自主的ガイドラインで、ローン・マーケット・アソシエーション（LMA）、アジア太平洋ローン・マーケット・アソシエーション（APLMA）、ローン・シンジケーション＆トレーディング・アソシエーション（LSTA）が発行元となっています[25]。

サステナビリティリンク・ローン原則は、シンジケートローン市場で活動している主要な金融機関の代表から構成される作業部会によって、その後逐次改訂が行われています[26]。

サステナビリティリンク・ローン原則（2023年版）は、4つの要素から構成されています。

① KPI の選定

KPI には、借り手のビジネスにとって妥当、中核的かつ重要であり、事業運営にとって高い戦略的意義を持つことや、一貫した方法に基づく測定、定量化が可能であること等が求められる。

②サステナビリティ・パフォーマンス・ターゲット（SPTs）の測定

SPTs は野心的である必要があり、各 KPI の実質的な改善を表し、現状維持（BAU）を超えるもので、借り手のサステナビリティ・ESG 戦略全体と整合することが必要である。

③ローンの特性

ローンの重要な特性は、予め選定・設定された SPTs の達成状況が経済的結果に関連していることである。

④レポーティング

このローン・マーケットでは透明性が特に重要である。借り手は可能であ

れば、少なくとも年 1 回、ローン参加機関が SPTs のパフォーマンスをモニタリングして SPTs が野心的で借り手のビジネスに関連している状態に変わりがないかを判断するに足る情報を当該参加機関に提供する必要がある。

⑤検証

借り手は、各 KPI に対する個々の SPTs のパフォーマンスについて、独立した外部の検証を少なくとも年に 1 度受けなければならない。

なお、環境省では、サステナビリティリンク・ローンのグリーン性に関する信頼性の確保と、借り手のコストや事務的負担の軽減を目的として、サステナビリティリンク・ローンガイドラインを作成、公表しています[27]。

....

(2) サステナビリティリンク・通貨スワップ

通貨スワップ（cross currency swap）は、異なる通貨間の金利および元本を交換する取引です。金利スワップでは、交換の対象となるのは金利のみですが、通貨スワップでは、通貨の種類が違うことから、通常、金利だけではなく元本も交換することになります。通貨スワップの金利交換は、固定と固定、変動と変動、固定と変動といった組み合わせがあります。

例えば、米ドル建債券を発行している本邦企業があり、この企業が先行きの米ドル高・円安を予想して、この債券を実質的に円建て債券に変更したのと同様の効果を得たいとする場合には、米ドル・円の通貨スワップ（米ドルで金利・元本受け取り、円で金利・元本支払いの通貨スワップ）を活用することができます。これにより、発行済みの米ドル建債券はそのままで、実質的に円建てで借り入れ、円建ての元利金を返済するのと同等の効果を得ることができます。

また、通貨スワップには、元本の交換はせず金利の交換だけを行うクーポンスワップ（coupon swap）があります。

CASE STUDY
👍 Enel と Société Générale

2019年9月、伊のガス・電力会社のEnelは、機関投資家向けに15億米ドル（約14億ユーロ相当）にのぼる5年物米ドル建てサステナブル・ボンドを米国市場で発行しました[28]。この発行には、社会的責任投資家（SRI；Socially Responsible Investor）を中心に約40億米ドルと募集額の3倍の応募がありました。こうした旺盛な需要を反映してEnelのサステナブル・ボンドの利率は通常の債券に比べて20bps低く設定されました。

このサステナブル・ボンドのKPIは、Enelの総発電能力に占める再生エネ発電能力が一定の割合まで上昇する、との内容で設定されました。

そして、KPI達成の場合には利率は不変、未達成の場合には利率が2.65%から2.9%へ25bps上昇する、との条件となっています。

Enelは、このサステナブル・ボンドの発行に合わせて、Société Généraleとの間で、世界最初のサステナビリティリンク・通貨スワップ（SDG Linked Cross Currency Swap）を契約しました[29]。

このサステナビリティリンク・通貨スワップ取引は、Enel発行の米ドル建サステナブル・ボンドの元利金支払い資金をユーロで調達することから生じる外為リスクと金利リスクをヘッジすることを目的としています。

このデリバティブ取引では、各々の取引当事者が特定のESG目標を持った通貨スワップの下で6か月ごとに金利を支払います。その金利は、環境向上のターゲットを達成した場合にはディスカウントされ、逆にターゲットを未達成の場合には、引き上げられるという具合に、双方とも特定のESG目標を達成しないと追加コストを負担することになります。

CASE STUDY
👍 Hysan Development と BNP Paribas

2020年10月、香港の不動産開発会社のHysan DevelopmentとBNP Paribasは、125百万米ドルのサステナビリティリンク・通貨スワップによるヘッジ取引を実行しました[30]。

この通貨スワップは、アジアにおける最初のESG KPIコミットメントとな

ります。

　このKPIは、2つの項目を要件としています。

①Hysan Developmentが2021～2024年の間、Hang Seng Corporateサステナ
　ビリティ・ベンチマーク指数（HSSUSB、Hang Seng Corporate Sustainability
　Benchmark Index）を構成する会社の1つとしてあり続けること。

　HSSUSBは、香港証券取引所のハンセン指数を構成する企業でサステナビ
リティ・パフォーマンスが良好なトップ20%にランクする企業で構成される
株価指数です。

　HSSUSBの構成企業は、ガバナンス、環境、労働条件、地域密着・開発等、
7つの要素からなるサステナビリティ評価により選定されます。

②Hysan Developmentが2024年末までに電力消費量を2005年比20%削減す
　ること。

　なお、香港環境庁（Hong Kong Environment Bureau）によると、香港の不
動産セクターは、電力使用の90%、CO_2排出量の60%を占めています。

　Hysan Developmentは、この2つの要件を満たした場合に直接の利益を得
るわけではありませんが、逆に2つの要件を満たさなかった場合には、BNP
ParibasのCSR委員会が承認するインパクトドリブンのプロジェクトかチャ
リティに寄付する必要があります。

(3) サステナビリティリンク・為替予約、FXヘッジ取引

　為替予約（先物為替予約、forward exchange contract）は、将来の一定の
期日を予約の実行日として、銀行との間で外貨の決済を行う為替レートを予
め決めておく為替売買取引です。為替予約をした時点から予約実行日まで為
替レートが変動しても予約レートでの決済ができることから外為相場変動に
対するヘッジ効果があります。なお、先渡し契約（currency forward contract）
は為替予約と同義です。

CASE STUDY

👍 アシックスと三井住友信託の為替予約

　2021年、アシックスと三井住友信託との間で、ESG為替予約が締結されました[31]。これは、ローン・マーケット・アソシエーション（LMA）等が定めたサステナビリティリンク・ローン原則に準拠したESG為替予約で、国内金融機関と国内上場企業とが締結した最初のESG為替予約のケースとなります。

　この為替予約は、アシックスのサステナビリティ目標に沿ったサステナビリティ・パフォーマンスターゲット（SPT、KPIに相当）を設定して先物外国為替取引契約（ESG為替予約）の条件とSPTに対するアシックスのパフォーマンスとを連携させて、アシックスにSPT達成へのインセンティブを与えることで、環境的・社会的にサステナブルな経済活動を促進することを狙ったESG為替予約となっています。

　具体的には、このESG為替予約で設定されたSPTは、アシックスがCDP（コラム参照）の公表するCDP2023サプライヤー・エンゲージメント評価におけるサプライヤーエンゲージメント・リーダー・ボードに選出されることです。なお、アシックスは2022年まで4年連続でサプライヤー・エンゲージメント・リーダー・ボードに選定されています[32]。

　当該ESG為替予約は、格付投資情報センターより、サステナビリティリンク・ローン原則への準拠性、設定したSPTの合理性について第三者意見を取得しています。

　そして、アシックスがSPTを達成できた場合にはアシックスにとって有利な為替レートが適用されます。逆に、SPTを達成できなかった場合には、アシックスにとって不利な為替レートが適用され、アシックスはそれにより追加負担する資金を、環境に対してポジティブなインパクトを創出することを目的として活動を行っている法人・団体等に対して寄付する仕組みとなっています[33]。

| コラム 🌲 | CDP |

CDP は、環境情報を収集、開示する英国を拠点とする国際的な NGO です。

CDP の設立当初は、企業の CO_2 排出量を収集、開示する活動を中心に行っていたことから Carbon Disclosure Project が正式の名称でしたが、その後、幅広い環境問題に活動を広げたことから、CDP を正式の名称にしました。CDP は、日本においても一般社団法人 CDP Worldwide-Japan の名称で活動しています。

CDP が対象とする分野は、気候変動、水セキュリティ、フォレスト、シティ、サプライチェーン等です。

CDP は、毎年、企業等に質問状を送付して、環境課題への取り組み状況の情報を収集、評価して、その結果を機関投資家等、市場参加者に開示する活動を行っています[34]。

CDP のサプライヤー・エンゲージメント評価は、企業のサプライチェーン全体での気候変動・CO_2 排出量削減に対する取り組み状況に応じてスコアリングを行うものです。

具体的には、質問状に対する回答企業は、環境スチュワードシップに向けた進捗を示す①情報開示、②認識、③マネジメント、④リーダーシップの4つの連続したレベルに亘ってスコアリングが行われます。

CDP は、こうした評価を通じて、企業等がサステナブルな経済の実現を目指すインセンティブになることを目指しています[35]。

回答企業は、A、A−、B、B−、C、C−、D、D− の 8 段階のどの段階にあるのか、が評価されます（無回答の場合は F）。そして、CDP は、8 段階の評価基準で最高評価となる A ランクとなった企業をリーダーボードに選出します。

サプライヤー・エンゲージメント・リーダー・ボードはサプライヤー・エンゲージメント評価における最高評価であり、CDP2020 サプライヤー・エンゲージメント評価では上位 7%の企業が選定されています。

CASE STUDY

👍 Olam International と Deutsche Bank

　2020年6月、シンガポールに本社を置く農業・食料総合商社のOlam Internationalと Deutsche Bankは、ESGに関わるKPIにリンクしたFXデリバティブを締結しました[36]。

　これは、アジアで最初のESG・FXデリバティブ取引となります。

　このFXデリバティブは、1年、米ドル・タイバーツのFX先渡しで、Olamがタイの農家からタイバーツで買い入れた農産物を世界各国に米ドル建てで輸出することに伴うFXリスクをヘッジして、Olamのサプライチェーン・サステナビリティを強化することを目的としています。

　そして、Olamが国連SDGsに寄与するESGターゲットを達成した場合には、Deutsche Bankからディスカウントを受けることができます。

　この取引のKPIは、国連SDGsの17のターゲットのうち、以下の10に貢献します。

SDG1：貧困をなくそう、SDG2：飢餓をゼロに、SDG5：ジェンダー平等を実現しよう、SDG6：安全な水とトイレを世界中に、SDG10：人や国の不平等を無くそう、SDG12：作る責任、使う責任、SDG13：気象変動に具体的対策を、SDG14：海の豊かさを守ろう、SDG15：陸の豊かさも守ろう、SDG17：パートナーシップで目標を達成しよう

(4) サステナビリティリンク・通貨オプション

　通貨オプション（currency option）は、ある通貨をオプションの期日、またはオプションの期間中に、予め定められた価格で買う権利、または売る権利をいいます。

　上述の（3）でみた為替予約も、為替レート（通貨の売買価格）を予め取り決めておく点では通貨オプションに似ていますが、オプションの買い手は、期日到来時、または期間中にマーケットで取引されている為替相場の動向をみながら、ある通貨を買う権利、または売る権利を行使、または放棄するかの選択をすることができます。オプションの買い手が権利行使をした場合には、オプションの売り手はこれに応じる義務があります。

これに対して、為替予約は、予約実行日にマーケットで取引されている為替相場が、予め取り決めた価格よりも有利か不利かに関係なく、予め取り決めた価格で契約を実行する必要があります。

CASE STUDY
👉 Primetals Technologies と Deutsche Bank

2020年10月、ロンドンに本社を置く製鉄機械プラント製造事業を展開するPrimetals Technologies と Deutsche Bank は、サステナビリティ・ターゲットにリンクする4年の通貨オプションを締結しました[37]。

世界に60以上の事業拠点を持つPrimetals Technologies にとって通貨オプションにより外為リスクをヘッジすることは重要な財務戦略となります。

この通貨オプションには、もしPrimetals Technologies が Deutsche Bank との間で予め合意したサステナビリティ・ターゲットを達成できない場合には契約上決められたNGO（non-governmental organisation、非政府組織）に決められた金額を支払う条件が付されています。

サステナビリティ・ターゲットは、主として次の内容から構成されます。

・顧客に販売するGHG排出抑制を目的とする製鉄プロジェクトの総売上高に占める割合が一定以上であること。

・資源の効率性向上を目的とするR&D支出が収入の一定割合以上であること。

・Primetals Technologies の全従業員に対する労働環境の安全・健康面の数値が向上すること。

こうしたターゲットの選択は、サステナビリティに特化したコンサルタントのERM社のアドバイスにより両社が決定し、また、オプションの期間中、ターゲットが遵守されたかどうかも、ERM社によりモニター・認証されることとなっています。

CASE STUDY
👉 Continuum Energy Levanter と Deutsche Bank

2021年3月、インドで風力発電と太陽光発電を主なビジネスとする再生エネ会社のContinuum Energy Levanter は、米ドル建てグリーンボンド6年、185

百万米ドルを発行し、その発行代わり金はインドにおける再生エネプロジェクトに使用されています。

　Continuum Energyの電力の主力販売先は、鉄鋼メーカーやセメントメーカー等のCO$_2$の大口排出企業です。

　そして、電力の販売から得る収入はインドルピーである一方、グリーンボンドの元利金支払いは米ドルとなり、これにより、Continuum Energyは、米ドル・インドルピーのFXリスクを負うことになります。

　こうしたFXリスクをヘッジすることを目的にContinuum Energyは、グリーンボンド発行と共に、Deutsche Bankが設計・提案したFXオプション（通貨オプション）の契約を同行と交わしました[38]。

　これは、Continuum Energyが発行の米ドル建てグリーンボンドに関わる為替エキスポージャーのヘッジを目的としています。オプション料はグリーンボンド発行代わり金のなかから支払われ、Continuum EnergyとDeutsche Bankは、このFXオプションをグリーンヘッジと呼んでいます。

　なお、グリーンボンドとグリーンヘッジのフレームワークに関する独立した第三者の意見は、ノルウエーの気候リサーチ会社の子会社であるCicero Greenにより発出されています[39]。

(5) 地方銀行のサステナビリティリンク・デリバティブの提供

　日本の地方銀行がサステナビリティリンク・通貨スワップ、通貨オプションを取り扱う事例がみられます。

CASE STUDY
👍 広島銀行によるサステナビリティリンク・デリバティブの提供

　広島銀行は、2022年4月からサステナビリティリンク・デリバティブの取り扱いを始めています[40]。

　すなわち、広島銀行は、地元企業のサステナビリティ向上支援を地域金融機関の責務と捉えて、取引先企業のカーボンニュートラルや、ESG・SDGsへの取り組みを為替リスクヘッジの面から後押しするサステナビリティリンク・デリバティブを取り扱っています。

　なお、当該商品については環境省等が定めるガイドラインに対する整合性について格付投資情報センターより第三者意見を取得しています。

　広島銀行が取り扱うサステナビリティリンク・デリバティブ商品の概要は次のとおりです。

①対象企業
・外為取引があり、広島銀行のデリバティブ販売対象先の条件を満たすこと。
・ESGやSDGsに関する目標設定を行うこと。
・外部レビュー、年1回のレポーティング（銀行への進捗報告）を実施すること。

②最低取引量
　総交換金額1百万米ドル以上

③契約可能期間
　2年以上、原則5年以内

④取り扱うデリバティブ商品
・通貨スワップ
・特約付連続型通貨オプション
・消滅条件付連続型通貨オプション（ヨーロピアン消滅条件のみ）
・消滅条件・特約付連続型通貨オプション（ヨーロピアン消滅条件のみ）

⑤取扱手数料（消費税込）
　年間交換金額×0.33円（最低550千円、最高2,200千円）

⑥目標未達成時の寄付先と寄付金額
・設定した目標に関連のある先かつ利害関係のない先
・年間交換金額×0.5円を目安とし、寄付総額、企業規模を勘案し決定

④　サステナビリティリンク・デリバティブの構築

　サステナビリティリンク・デリバティブを構築するにあたって、できるだけ明確、正確で曖昧さを無くすために勘案すべき原則や慣行の主要なポイントを、ISDAのガイドラインを基にピックアップすると次のとおりです[41]。

(1) 取引の期間

　取引当事者は、サステナビリティリンク・デリバティブの期間とKPIの計測・公表期間との関係について考慮しなければならない。

　サステナビリティリンク・デリバティブの期間があまりにも短いとサステナビリティとKPI達成との間のリンクがうまくいかない恐れがある。

(2) 期限前手仕舞い

　取引当事者は、KPIが達成される前に取引終了とする場合に、期限前手仕舞いで受払いする金額は、KPIが達成されたと見做す金額とするのか、不達成と見做す金額とするのかを、予め決めておかなければならない。

(3) サステナビリティリンク・デリバティブのキャッシュフローへのインパクト

　取引当事者は、次の場合にサステナビリティリンク・デリバティブのキャッシュフローにどのようなインパクトがあるのかを明確に決めておかなければならない。
①KPIが達成、または不達成の場合
②KPIが達成したか不達成かについての争いが発生した場合
③KPIが達成したか不達成かについての証明が第三者の不測の事情により実施されない場合
④KPIが達成したか不達成かについての証明プロセスに変更があった場合

(4) 契約条項の明確化

　取引当事者は、法的リスク等を回避するために契約条項が明確で曖昧さを排除したものにしなければならない。

①取引当事者は、期限前終了に関わる特別条項が必要かどうかを検討しなければならない。

②取引当事者は、KPIの証明プロセスを決めておかなければならない。

③取引当事者は、サステナビリティリンク・デリバティブの一方の取引当事者がESGに関わるネガティブな行動をとったときにサステナビリティリンク・デリバティブから得られる利益をキャンセルする条項を入れるかどうか、また、入れるとすればどのようなネガティブな行動をとった時とするかを決めておかなければならない。

④取引当事者は、ESGに関わる表明保証条項（representations or warranties、レプワラ．契約当事者がある内容が真実であることを表明し保証する条項）を入れるかどうかを決めておかなければならない。

⑤取引当事者は、一方または双方の取引当事者がサステナビリティリンク・デリバティブの実施及びKPIの達成・不達成をディスクローズすることを容認、またや要求するかどうかを決めておかなければならない。

　ディスクロージャーを認める場合には、それが規制上のレポートの目的だけか、サステナビリティリンク・デリバティブによりインパクトを与える等、他の目的でも認められるかを検討する必要がある。

⑤　サステナブル・デリバティブの標準化に向けて

(1) デリバティブ標準化の意義

　デリバティブ取引には、取引当事者間で相対（バイラテラル）の形で取引するOTC取引と、取引所のインフラを使って競争売買（競り）の形で取引する取引所取引とがありますが、サステナブル・デリバティブの多くは、現状、OTC取引で行われています。

　OTC取引は、基本的に取引当事者の個々のニーズにマッチしたテーラーメードの商品を取引するのに対して、取引所取引では、原資産（取引対象）の

みならず、期日、取引単位等の規格が統一された標準化商品を取引します。

　このように、OTC取引は基本的にテーラーメードを特性としますが、OTC取引のなかにあっても活発に取引が行われている商品は、標準的なスペックに取引が集中する傾向があります。そして、このように流動性が厚くなればなるほどフェアプライスによる取引が可能となることから、さらにそうした標準品に取引が集中するという好循環が生まれることとなります。

　実際のところ、デリバティブ市場の歴史をみると、それが大きく発展した重要な要素に商品のスペックや取引プロセスの標準化があります。

　このことは、歴史が浅いサステナブル・デリバティブもその埒外ではなく、市場が発展、普及するためのカギとなる要素の1つは、標準化であり、取引所への上場であるということができます。

　こうした状況下、ISDAは環境テンプレートの範囲を拡大することに加えて、サステナブル・デリバティブの標準化に向けての検討を開始しました。

コラム　🌲　CMEのサステナブル・デリバティブの清算業務[42]

　CME（Chicago Mercantile Exchange、シカゴ商業取引所）では、2021 年9 月から OTC で行われているサステナブル・デリバティブ取引の清算業務を手掛けています[43]。

　この業務は、顧客がグリーンビジネスに関わるリスクのヘッジや環境プロジェクト推進を実践する OTC 取引の清算サービス（clearing service）を提供するもので、CME ではこれを Sustainable Clearing service と呼んでいます。

　CME の清算業務の対象となるサステナブル・デリバティブは、ICMA（International Capital Markets Association、国際資本市場協会）が制定したソーシャル・グリーンボンド原則（Social & Green Bond Principles）等、外部の独立した第三者の中立的なスタンダードに適合した取引に限定されます。

　Sustainable Clearing service の基準やガバナンスは、CME グループの独

立法的機関である CME ベンチマーク運営会社（CME Benchmark Administration Limited）が実施します。

　サステナブル・デリバティブの標準化が進捗した場合には、CME はその上場を企図するとみられますが、OTC で行われているサステナブル・デリバティブ取引であっても、CME は取引所が持つ清算機能を提供することにより、顧客のサステナブル活動を支援し、ネットゼロ経済への移行を促進するソリューションになることを指向しています。

(2) ISDAによるサステナブル・デリバティブ標準化の検討
❶ サステナブル・デリバティブ標準化の検討の背景

　サステナブル・デリバティブマーケットの展開のカギは、流動性がどのように厚みを持ってくるかです[44]。

　ISDAと業界団体は、2021年2月に公表した「米国のサステナブル低炭素経済への移行原則」(Financing a U.S. Transition to a Sustainable Low-Carbon Economy) の中で、用語やデータの基準、測定等の国際的調和を図る必要があり、また、気候関連ディスクロージャーと国際基準の促進を謳っています[45]が、こうした諸々の課題に挑戦しながらサステナブル・デリバティブ市場の発展を指向することが極めて重要となります。

　ISDAは、サステナビリティリンク・デリバティブへの関心の高まりに応える形で、市場参加者の声を踏まえて、その標準化のドキュメンテーションに向けて検討を開始しています[46]。

　サステナビリティリンク・デリバティブを取引している市場参加者は、ISDAの現状の金利スワップや他のデリバティブのドキュメンテーションを使っています。

　これまで取引されたサステナビリティリンク・デリバティブは、ほとんどが金利デリバティブ関連であることから、企業は2021年設定のISDA金利デリバティブの定義を活用することとなります。

❷ ISDAのサステナビリティリンク・デリバティブ市場参加者サーベイ[47]

　サステナビリティリンク・デリバティブは、ESGゴールにリンクしたデリバティブです。

　すなわち、サステナビリティリンク・デリバティブは、対象企業のESGターゲット遵守をモニターするKPIを指標として、サステナビリティにリンクしたキャッシュフローを授受するスペックのデリバティブで、企業の脱炭素化等への移行を促進する機能を果たす重要なツールとして期待されています。

　サステナビリティリンク・デリバティブは、カスタマイズして設計されることが多く、KPIはGHG排出の削減から再生エネの促進等、幅広い内容に亘ります。

　ISDAでは、サステナビリティリンク・デリバティブ標準化のドキュメンテーションを検討していますが、その場合、サステナビリティリンク・デリバティブ取引がカスタマイズされることが多い実態とのバランスを取ることが極めて重要となります。

　そこで、ISDAでは、まず、これまでサステナビリティリンク・デリバティブを取引した市場参加者に対するサーベイを実施して、その実態と取引の効率性に関わるニーズはどのようなものかを把握することにしました。

　そのサーベイの結果は、次のような内容となっています[48]。

i　サステナビリティリンク・デリバティブの構造とKPIとしてのESGターゲット

a. 原資産

　サステナビリティリンク・デリバティブで最も使われている原資産は、金利スワップで、次に、通貨スワップです。

b. KPI

　サステナビリティリンク・デリバティブでは、ESGに関連したKPIを含む構造にすることが一般的です。

　ESG関連のKPIでは、

　第1位がGHG排出量削減、

　第2位が第三者の格付け機関によるESG格付け（例えば、格付け機関によ

る ESG 格付けで一定以上のスコアを獲得する）、

　第3位が再生エネの使用比率が一定以上、

　という内容となっています。

ii　ESG ターゲット達成・不達成の場合の受払い、サステナビリティ・プレミアム

　ESG ターゲット達成・不達成の場合には、相手方が支払う金利の幅が拡大・縮小する内容が大半を占めていますが、契約で定めたサステナビリティ・プレミアムの支払い・不支払いが発生するといった設計をするケースもあります。

　一方、ESG 関連の KPI 不達成の場合には、契約終了まで固定金利を引き上げる等のケースもあります。このケースでは、KPI 達成の場合には、固定金利は当初定めたままとなります。

　ESG 関連の支払いは、原資産の支払時期に合わせて行われることが一般的ですが、契約期間の最後に行われることもあります。なお、KPI の判定時期に合わせるとか毎月または四半期毎とか年1回に支払いが行われることも考えられますが、実際にはそうしたケースはほとんどみられません。

　取引の相手方がデリバティブ取引に関わる支払い自体は履行したものの、取引に付加されているサステナビリティ・プレミアム等の支払いを怠った場合の扱いについて、大方の市場参加者は、すべての契約にデフォルトがあったものとする、としています。もっとも、取引に付加されているサステナビリティ・プレミアム等の支払いは、さして重要なものではないとして、原取引自体は有効であるとするケースも少数みられています。

iii　サステナビリティリンク・デリバティブの期日前終了

　サステナビリティリンク・デリバティブが期日前に終了した場合にサステナビリティ・プレミアムの支払いにどのように影響するかについては、多くの市場参加者から明確な回答は得られませんでした。

　もっとも、取引が期日前に終了したことは、KPI が支払いに足る条件を満たさなかったとみて、プレミアムは支払われないことになるとしている市場

参加者もみられます。

　また、市場参加者のなかには、取引の期日前終了をもって自動的に KPI が達成されたとすると、ESG の義務を免れるために早期に取引を期日前に終了するというモラルハザードが起こる懸念を指摘する向きもあります。

iv　サステナビリティリンク・デリバティブ契約に対する第三者の認証等

　ESG の目標に到達したか否かの判定を独立の第三者に委任する点については、大半の市場参加者が契約の中に次の文言のすべて、または一部が織り込まれているとしており、自己判定を認める、とする市場参加者はごく少数にとどまっています。

・ESG の目標ないし KPI を認証、証明する文書を交換することを要求する。
・認証する機関とプロセス、KPI テスト等の日付を取引のコンファメーションやマスターアグリーメントの中に記述する。
・取引の相手方は、第三者により作成された認証、証明書を予め取り決めた日に送付する義務がある。
・認証、証明書を提供する義務を怠った場合には、ESG の目標は満たされなかったと見做す。
・認証、証明書の内容が不十分であるとみられるときには追加の情報または明確化する内容を要求する権利があることを契約条項に入れる。

v　ESG 格付け会社に関する契約条項

　ESG 格付けにリンクした KPI を持つサステナビリティリンク・デリバティブ契約において、第三者の格付け会社に関する契約には、次のようなケースの際に対処すべき条項が含まれていることが大半です。

・格付け方法の変更のケース
・格付け会社の変更のケース
・格付けの入手不能のケース

❸ ISDAによるサステナビリティリンク・デリバティブのドキュメンテーションの方向

　ISDAでは、上述のサーベイ結果でサステナビリティリンク・デリバティブのドキュメンテーションについて次のような状況を把握できた、としています。

i　市場参加者は、現状のISDAドキュメンテーションの枠組みを金利スワップ取引等のサステナビリティリンク・デリバティブに取り込み、ESG関連条項は取引のコンファメーションに含ませている。

ii　ISDAの金利デリバティブやマスターアグリーメントの定義が、サステナビリティリンク・デリバティブに使われることが一般的である。

iii　サステナビリティリンク・デリバティブのコンファメーションに使われる新たな用語は、市場参加者間で一致しているが、さらなる標準化が適当であると考えられる。

iv　サステナビリティリンク・デリバティブの中には、ESG関連の期日支払い不履行やKPI達成の証明書提出不履行発生の場合の取り扱いを定めているケースがあるが、こうした取り扱いは伝統的なデリバティブでみられる内容に類似したものとなっている。

v　サステナビリティリンク・デリバティブの中には、対象のデリバティブ取引が期日前に終了した場合にESG関連の支払いにいかなるインパクトを及ぼすかを取り決めているケースがみられる。

vi　ESG関連のKPIが達成されたか否かを第三者の証明に依存する点は、市場参加者の重大な関心事である。第三者の証明機関に関する相手方の義務等について標準化する良い機会と考えられる。

vii　ESG格付けにリンクしたKPIを持つサステナビリティリンク・デリバティブ契約において、格付けが入手できない場合の条項を付けることが多いが、この点は標準化することによるメリットがあると考えられる。

　ISDAでは、上述の市場参加者からの反応を勘案の上、サステナビリティリンク・デリバティブの標準化を行うか、検討するとしています。
　ISDAは、テンプレートを創って市場参加者が異なるアセットクラスでも活

用可能にすることも一案であるとしています。大半のサステナビリティリン
ク・デリバティブが金利デリバティブに関連付けられることから市場参加者
は、2021ISDA金利デリバティブとESGテンプレートの用語を活用すること
ができます。

　ISDAは、鍵となる用語や契約条項の標準化はサステナビリティリンク・デ
リバティブの取引の効率性向上に資する一方、顧客のニーズやサステナビリ
ティの目的に適するようにスペックをカストマイズするニーズも引き続き存
在することが認識できたとしています。

　サステナビリティリンク・デリバティブのマーケットは急速に発展しては
いますが、誕生して間もないことから、ISDAでは先行きのマーケットの展開
を睨みながら標準化のドキュメンテーションの作成を検討することになると
みられます。

　その際、標準化の作業は、①標準化のドキュメンテーション作成による効
率化と、②サステナビリティリンク・デリバティブがサステナビリティの目
標にマッチするようにカスタマイズされる、という弾力性のバランスに配慮
しながら検討することが、特に重要なポイントになると考えられます。

第 3 章

サステナブル・クレジットデリバティブ

① クレジットデリバティブ

(1) クレジットデリバティブのコンセプト

　サステナブル・クレジットデリバティブに立ち入る前に、クレジットデリバティブのコンセプトを概観することにします。

　企業が信用リスクを管理する方法には、相手の信用度合いをみてリスクが大きい先とは取引を控えるという手段があります。また、取引相手に対する債権に保険をかけるとか、債権を証券化して売却するといった手段もあります。しかし、こうした手法には、取引先の選別を行うことにより取引機会を逃がしてしまうという機会費用がかかるとか、保険も証券化も多額のコストが嵩むという問題があります。

　これに対して、クレジットデリバティブは、低コストで有効な信用リスクのヘッジ手段として活用されているデリバティブ商品です。

　デリバティブは、資産からリスクを切り離してリスクを一つの商品として取引する特性を持っていますが、クレジットデリバティブは、信用リスク自体を取引対象にした商品です。

　クレジットデリバティブは、借り手（参照体）の信用リスクをクレジットデリバティブの買い手から売り手に移転するデリバティブです。

　クレジットデリバティブの買い手は売り手に対して定期的に一定金額を支払い、一旦参照体にクレジットイベントが発生したら、売り手は買い手に参照債務を支払います。

　主要なクレジットデリバティブには、クレジットデフォルト・スワップ（CDS；Credit Default Swap）やトータルリターン・スワップ（TRS；Total

Return Swap）等があります。

　以下、クレジットデリバティブで使われる主な用語をピックアップします。

❶ プロテクション

　プロテクションは、信用リスクを回避すること、すなわち信用リスクのヘッジをいいます。

　したがって、クレジットデリバティブは、プロテクションを売買する取引であるということができます。

　プロテクションの買い手（protection buyer）は信用リスクを回避・供給するヘッジャーとなり、プロテクションの売り手（protection seller）は信用リスクの引受け手となります。また、プロテクションの売り戦略をとれば、参照体を実際に保有することなく、保有すると同様の効果を得ることができます。

❷ プレミアム

　プレミアムは、プロテクションの買い手であるヘッジャーがプロテクションの売り手に支払う信用リスクの引受料です。生命保険や損害保険において保険料はプレミアムとも呼ばれていますが、デリバティブが保険の機能を持っていることからこのような名称が付けられています。

　プレミアムは、例えば半期に1度というように一定期間ごとに支払うこともあれば、デリバティブの契約時に一括支払いすることもあります。

❸ クレジットイベント

　クレジットデリバティブ取引で信用リスクが表面化して補償金の受払いが生じることになる場合に、この資金の受払いのトリガーとして特定される信用状態の変化をクレジットイベント（信用事由）といいます。典型的なクレジットイベントには、債務不履行、破産、会社更生、民事再生、元本や金利の減免・猶予等の条件変更があります。

　クレジットデリバティブでは、クレジットイベントが生じた場合には補償金の受払いが発生しますが、そうでなく平穏裡に推移した場合には、プロテ

クションの売り手はプレミアムを掌中にすることができます。

　すなわち、これはオプションの一種で、こうしたクレジットデリバティブが持つオプション性を捉えてクレジットデリバティブをクレジットオプションと呼ぶこともあります。したがって、クレジットデリバティブのプレミアムは、基本的にオプションの価格評価モデルにより計算できることになります。

　もっとも、ブラック・ショールズモデルを代表とするオプションの価格評価モデルは、市場リスクを前提として構築されたモデルであり、これを信用リスクを扱うクレジットデリバティブに適合するようにモデルの修正を行う必要があります。

(2) クレジットデフォルト・スワップ

　マーケットで最も活発に取引されているクレジットデリバティブは、クレジットデフォルト・スワップ（CDS）で、略してデフォルト・スワップとか、デフォルト・オプションとも呼ばれています。

　クレジットデフォルト・スワップは、ISDA（The International Swaps and Derivatives Association 、国際スワップデリバティブ協会）により契約の雛形（マスターアグリーメント）が定められており、実務界では、クレジットデフォルト・スワップの取引当事者は、このマスターアグリーメントを使って契約の締結を行うのが一般的となっています。

　クレジットデフォルト・スワップの買い手は、信用リスクをヘッジする側で、売り手は、信用リスクの担い手になる側です。

　クレジットデフォルト・スワップの場合には、倒産あるいは債務不履行をクレジットイベントとするケースが圧倒的に多くなっています。また、債務不履行をクレジットイベントとするケースでは、相手方の会社の債務不履行というように包括的な取り決めをするのが一般的ですが、そのほかに、ある特定の証券とか特定の貸付債権の債務不履行、というように予め対象資産を限定しておく場合もあります。

　クレジットデフォルト・スワップの期間中に信用リスクのヘッジ対象となる企業（参照法人）に債務不履行とか倒産等のクレジットイベントが発生し

た場合には、プロテクションの売り手は買い手に対して補償金の支払いを行うことになります。

　逆に、クレジットデフォルト・スワップの期間中、クレジットイベントが生じることなくクレジットデフォルト・スワップの期限が到来した場合には、プロテクションの売り手は、信用リスクの引受け料として買い手から受け取ったプレミアムをそのまま掌中にします。

　クレジットデフォルト・スワップには、ある企業や国家等、単一のクレジットリスクを対象とするシングルネームCDSと、複数の企業をパッケージにしたインデックスCDSがあります（図表1）。

【図表1】クレジット・デフォルトスワップ（CDS）の分類

信用リスクの参照体	CDSの名称	具体例
企業等	シングルネームCDS（コーポレート）	・Wal-Mart社を参照するCDS ・Nestle社を参照するCDS
国家、政府関係機関等	シングルネームCDS（ソブリン）	・日本を参照するCDS ・米国を参照するCDS
証券化商品等	CDS on ABS	・RMBS（住宅ローンを裏付け） ・CMBS（商業用不動産を裏付け） ・ABS（リース債権等を裏付け） ・ABS CDO（他の証券化商品を裏付け）
複数の企業	インデックスCDS（注）	・CDX指数（北米、発展途上国をカバー） ・iTraxx（欧州、アジア、中東、アフリカをカバー）

（注）後述（3）CDS指数とESG CDS参照
　　（出所）ISDA Japan Credit Derivatives Committee Research Working Group "CDS Q&A" 2015.8を基に筆者作成

② サステナブル・クレジットデフォルト・スワップ

クレジットデフォルト・スワップは、気候変動やサステナビリティへの危機が企業の信用に影響を与えるリスクをヘッジする目的にも活用できます。

(1) CO_2 排出量とクレジットデフォルト・スワップ

気候変動問題に対する意識の高まりを背景にESG投資家が企業の CO_2 排出量に強い関心を持つ状況下、多くの企業が CO_2 排出量の抑制に注力する傾向を強めています。

こうしたなかで、カーボンリスクに着目し、日本企業の CO_2 排出量と信用力との関係を探る実証研究が沖本竜義と鷹岡澄子の両氏により行われています[1]。

具体的には、クレジットデフォルト・スワップ（CDS）市場において、

・CO_2 排出量が多い企業はカーボンリスクプレミアム（プレミアム＝保険料・オプション料）を要求されているのか、すなわち、CO_2 排出量が多い企業はそれだけクレジットリスクが大きいのか。

・ESG投資の拡大がカーボンリスクプレミアムを増大させているのか。

・カーボンリスクプレミアムは企業のセクターや格付けに依存するのか。

・カーボンリスクプレミアムがCDSスプレッドカーブ（CDSスプレッドはCDS契約のプレミアムを意味し、CDSスプレッドカーブはCDSスプレッドの期間構造を意味します）に与える影響はどのようなものか。

等の実証分析が行われています[2]。

この実証分析に際しては、3つの仮説が立てられています。

❶ 収益仮説 (Profitability hypothesis)

投資家は、企業の CO_2 排出量が多いことは企業活動が盛んに行われていることを示す副産物であり、日本の脱炭素化コストが高い環境下で CO_2 排出量を抑制することは収益力の低下を意味すると考える。

このように、投資家は、企業の CO_2 排出量が多いことは高い収益が期待できることの証拠であるとみることから、CDSスプレッド（CDS契約における

プレミアム）を低下させることになる。

❷ カーボンリスク仮説 (Carbon risk hypothesis)

　企業のCO_2排出量が多いと、将来の規制強化や炭素税の導入等によりカーボンリスクに晒される恐れがある。その結果、多排出量企業の収益が圧迫され、企業価値も下落することになる。

　このような先行きの展開は、CDSマーケットの参加者の大半を占める機関投資家の投資判断に敏感に影響を与える。

　この仮説は、ESG投資家がグリーン企業を選好するとか、サステナブル投資家がブラウン企業よりもグリーン企業を選好する傾向があることにも整合する。

　こうしたことから、投資家は多排出量企業のサステナビリティの評価を下げ、この結果、CDSスプレッドが上昇することになる。

・なお、カーボンリスク仮説をサポートする実証研究に、2015年のパリ協定の後、気候変動リスクのうち移転リスクがCDSスプレッドを拡大させた、との研究結果があります[3]。

　また、カーボンリスクがCDSスプレッドに与える影響は、米国よりも欧州の方が大きいとの実証研究結果があります。これは、米国に比べて欧州の方がCO_2排出量規制が厳しいことによるものとみられています[4]。

❸ 投資家意識仮説 (Investor awareness hypothesis)

　カーボンリスクプレミアムは投資家が気候変動問題の意識を強め、企業の脱炭素への取り組みを重要視するほど高くなる可能性がある。したがって、ESG投資の進展は、CDSスプレッドを上昇させることになる。

・なお、投資家意識仮説をサポートする実証研究に、投資家の気候変動への関心が高まるほど、カーボンリスクのCDSへの影響は大きくなる、との研究結果があります。これは、気候変動リスクが高まるとそれにつれて貸し手となる金融機関や債券への投資家がカーボンリスクによりセンシティブになることの表れであると考えられ、特に欧州においては、短期のCDSの期間構造をみると短期にカーボンリスクの影響が大きいことが特徴となっ

ています[5]。

　こうした諸仮説の検証によると、2005年時点では、CO_2排出量が多いと企業のCDSスプレッドは有意に低下しており、収益仮説が適合する結果となっています。

　しかし、2006年に責任投資原則（コラム参照）が発足し、それ以降、ESG投資が進展して投資家意識の高まりに合わせてCO_2排出量が多いと企業のCDSスプレッドを上昇させるとの結果になっています。

コラム 🌲 責任投資原則（PRI）[6]

　2005年に当時の国連事務総長であったKofi Annanが機関投資家に呼びかけ、これに応じて国際的な投資家グループの国連環境計画・金融イニシアティブ（UNEP FI）と国際グローバルコンパクト（UNGC）が、ESGのコンセプトを投資の慣行に組み入れることによりサステナブルな社会の実現を指向する行動原則である責任投資原則（PRI；Principles for Responsible Investment）を策定しました。

　PRIは、6つの原則から構成されています。

①投資分析と意思決定のプロセスにESGの課題を組み込む。

②株式の所有方針と所有習慣にESGの課題を組み込む。

③投資対象の主体に対してESGの課題について適切な開示を求める。

④資産運用業界において本原則が受け入れられ実行に移されるよう働きかけを行う。

⑤本原則を実行する際の効果を高めるために協働する。

⑥本原則の実行に関する活動状況や進捗状況に関して報告する。

　PRIは、60か国以上4,000以上の署名機関と協働しています。

　企業の信用リスクの基準である CDS スプレッドが資金調達コストに影響することに鑑みると、企業は CO_2 排出量削減に取り組むことにより、CDS スプレッドを低下させ、資金調達コストを軽減する可能性が示唆された、ということができます。

　また、2005年時点では、企業活動に直接関連する企業自身の CO_2 排出量を示す Scope1 が収益仮説を反映する結果となっているのに対して、それ以降は企業活動に間接的に関連する排出量を示す Scope2 と Scope3 が CDS スプレッドを上昇させる傾向にあることが明らかとなっています[7]。

　これは、Scope1 は企業自らの GHG の直接排出によるもので企業活動と密接に関連しているため、収益仮説を反映する結果になっている一方、Scope2 と Scope3 は企業の間接排出で企業活動をさして損なうことなく排出量を削減できる部分が多いことから投資家が要求するカーボンリスクプレミアムの影響が相対的に大きくなっていることによるとみられます。

　さらに、この実証分析は次の諸点を示唆しています[8]。

・近年、CO_2 排出量が、CDS スプレッドカーブの傾きをより大きくする傾向にあることが明らかとなった。これは、カーボンリスクが信用リスクに対して長期的により大きな影響を持つことを示している。

・業種別にみると、ヘルスケア、通信、テクノロジーのセクターはカーボンリスクが大きく、エネルギー、素材、公共事業のセクターはカーボンリスクが小さい傾向にある。この結果、脱炭素が比較的容易で費用が小さいセクターは、企業の脱炭素への努力がより重要視され、投資家がより大きなカーボンリスクプレミアムを要求している。

・投資家は、企業の CO_2 排出量のポジティブな部分とネガティブな部分の両方をきちんと評価している。このことは、機関投資家、企業、個人投資家との間で大きな違いはない。

・ESG 投資の発展につれて、投資家が排出量のネガティブな部分をより重視するようになってきている。従って企業や個人投資家に ESG 投資が広がっても、カーボンリスクプレミアムの上昇トレンドに大きな変化が生じることはないと考えられる。

・カーボンリスクプレミアムの大きさでは、投資適格企業よりも投機的格付

け企業の方が大きい傾向にある。この理由は、投機的格付け企業の方がカーボンリスクに関する情報がより重要となるということが考えられる。

(2) ESGと株式・債券の信用リスク

　ここでは、投資家の立場からみて、ESGの要素が企業の信用リスクにどのような影響をもたらすか、を株式投資と債券投資別にみることにします。なお、ある実証研究では、ESGの3つのファクターのなかでE（環境）が最もクレジットスプレッドへのインパクトが大きいとしています[9]。

❶ ESGと株式投資
　ESGの要素が株式投資のリスク・リターンにどのようなインパクトを及ぼすか、の実証研究を中心にみることにします[10]。
　ESGの要素が企業の株価に与えるチャネルは3つあり、実証研究ではその各々のチャネルのインパクトは次のような結果となっています。
第1：キャッシュフロー・チャネル
　ESGの高格付け企業は、競争力が強く高収益・高配当をもたらすことが多い。
第2：特有のリスク・チャネル
　ESGの高格付け企業は、ビジネスに起因する特有のリスクやオペレーショナルリスクへの対応に優れていて、株価に悪影響を与えるような事件・事故に見舞われる蓋然性が低い。
第3：システマティックリスク・チャネル
　ESGの高格付け企業は、システマティックリスクへのエクスポージャーが低く、この結果、期待資本コストが低いことから割引キャッシュフローモデル（discounted-cash-flow-model）では高い価格付けとなる。

コラム 🌲 負のカーボンリスクプレミアム

　CO₂排出量と株価の関係を実証分析した Bolton and Kacperczyk の研究によると、カーボンリスクプレミアムを、既知のリスク・ファクターをコントロールしてなお残存する CO_2 排出量に関するプレミアムと定義したうえで、カーボンリスクプレミアムが、株式市場において統計的に有意に存在するというカーボンリスクプレミアム仮説に関して、詳細かつ緻密な実証分析に基づいた証拠を示しています[11]。

　それによると、米国や中国を中心とした世界各国の株式について、既知のリスク・ファクターをコントロールしたうえでも CO_2 をより多く排出する企業の株式は、より高いリターンをもたらすというコンセプトでのカーボンリスクプレミアムが存在することを見出した、としています。

　一方、日本企業の株価には CO_2 排出量は有意に反映されているのか？さらに、CO_2 排出量は正か負、どちら向きの株価リターンをもたらすのか？との問いに対して、石島博、伊藤隆敏、前田章、真鍋友則の各氏が実証分析でクロスセクション回帰、時系列回帰を行った結果、日本の株式市場において、CO_2 の排出量は負の株価リターンをもたらして株価を有意に押し下げる効果がある、すなわち、CO_2 排出量が増えるほど、株価リターンは減少するという負のカーボンリスクプレミアムが存在するとの証拠を得た、としています[12]。

　これは、Bolton and Kacperczyk のいうカーボンリスクプレミアムは、日本の株式市場においては負の値を取るということで、日本の株式市場においては、炭素への投資がリスクを伴うものであるとみるとき、相応のリターンが得られるわけではなく、逆に負のリターンをもたらすことを意味します。石島氏等の論文では、今後、カーボンリスクプレミアムを解釈する理論構築を行うとともに、なぜ、研究の結果が Bolton and Kacperczyk と異なるのか、その要因を解明したい、としています。

❷ ESGと債券投資

次に、ESGの要素が債券投資のリスク・リターンにどのようなインパクトを及ぼすか、の実証研究を中心にみることにします[13]。

クレジットデフォルト・スワップは信用リスクをやり取りする取引ですが、クレジットデフォルト・スワップの参照体となる企業に対するESG格付けと当該企業の信用リスクの高低とはどのような関係にあるかが、投資にあたって重要な関心事となります。

この実証研究では、社債ポートフォリオにESGの要素を組み込んだ場合にリスクとリターンにどのようなインパクトを及ぼしたかを検証しています。

それによると、ESGの要素を組み込まない場合と組み込んだ場合と比較すると、リスクとリターンに顕著な違いがみられます。

すなわち、高いESG格付けの社債発行企業は低いESG格付けの企業に比べると、キャッシュフローが良好であり、またリスクは低く、厳しい事態に直面する頻度も少ない等から信用リスクが低いとの結果となっています。

そして、ESGの要素は一般に、投資適格債（investment-grade bond）よりも高利回り債（high-yield bond）に影響を与え、また、投資適格債では短期債よりも長期債に影響を与える、と実証研究結果が示しています。

また、E、S、G個別のスコアよりもMSCI総合ESG格付け（aggregate MSCI ESG Rating）のスコアの方が、リスク削減の効果が大きいとの結果も出ています。そして、E、S、Gの3本柱のうち、Sが最もリターンに関し良好なパフォーマンスを示し、Eが最もリスク管理に関し良好なパフォーマンスを示すとの結果となっています。

このように実証研究では、ESGに対して良好なパフォーマンスを示す企業は、こうした目標を持たない企業に比べて高リターンと低リスクを示現する可能性が高いとしています。

（3）CDS指数とESG CDS
❶ CDS指数
　CDS（クレジットデフォルト・スワップ）指数は、個別企業ではなく、複数の企業のCDSのプレミアムを平均した指数です。インデックスCDSでは、広範に亘る参照体の信用リスクをヘッジないし取得することが可能です。

　CDS指数が高くなれば、信用不安が増していることを示し、CDS指数が低くなれば、信用不安が後退していることを示します。

　S&P Dow Jonesは、さまざまな種類のCDS指数を算出、公表しています。

i　CDX指数：北米、発展途上国をカバーするCDS指数で、以下の種類があります。
・CDX北米投資適格（CDX North American Investment Grade）
・CDX北米投資適格・高ボラティリティ（CDX North American Investment Grade High Volatility）
・CDX北米高イールド（CDX North American High Yield）
・CDX北米高イールド・高ベータ（CDX North American High Yield High Beta）
・CDX発展途上国マーケット（CDX Emerging Markets）
・CDX発展途上国マーケット・ダイバーシファイド（CDX Emerging Markets Diversified）

ii　iTraxx：欧州、アジア、中東、アフリカをカバーするCDS指数です。
・欧州iTraxx指数（European iTraxx indices）
　　欧州125企業から構成されるCDS指数で、各企業が指数に占める割合は均等です。
・アジアパシフィックiTraxx指数（Asia-Pacific iTraxx indices）
　　さらにいくつかの指数に分かれます。いずれも各企業が指数に占める割合は均等です。
　　→アジア（除く日本）iTraxx指数（iTraxx Asia ex-Japan index）：日本を除く40のアジア企業から構成。

→豪 iTraxx 指数（iTraxx Australia index）：25 の豪企業から構成。

→日 iTraxx 指数（iTraxx Japan index）：50 の日本企業から構成。

❷ iTraxx MSCI ESG Screened Europe Index

2020 年 5 月、Dow JonesGlobal は、ESG にフォーカスしたクレジットインデックスである iTraxx MSCI ESG Screened Europe Index を算出、公表しました。この指数は、ESG の基準から導出された幅広い欧州企業を対象とします。

CDS の契約上の対象となる企業（参照体）には、一般に ESG スクリーニングが適用されますが、iTraxx MSCI ESG Screened Europe Index は、さまざまなセクターの ESG リスク基準をクリアした企業の CDS 契約のバスケットから構成されています。

すなわち、iTraxx MSCI ESG Screened Europe CDS 指数は、3 つのステップのネガティブスクリーニングを経た欧州企業群で形成されています[14]。

i　ESG-ratings-based screen

MSCI ESG 格付けが BBB 以下の企業を除外。

ii　controversy-based screen

国連グローバル・コンパクト（UN Global Compact）や国際労働機関の中核的労働基準（ILO Core Convention）等の規律を遵守しない red flag 企業を除外。

iii　value-based screen

ギャンブル、アルコール、たばこ、アダルトエンターテイメント等から一定以上の収入を得る企業や非人道的兵器に関与する企業等を除外。

こうした 3 つのステップのスクリーニングを経た結果、TMT（Technology、Media、Telecommunications）がオーバーウエイトとなり、金融を含めたその他の部門がアンダーウエイトとなっています[15]。

　この指数は、広範に亘る業種をカバーすることから、幅広い欧州のESG企業に対するロングポジションを持とうとするアセットマネジャーや保険会社、ヘッジファンド等のバイサイドにも、ESGリスクに対するマクロヘッジにも活用することができます。

　このiTraxx MSCI ESG Screened Europe CDS指数が開発、公表されて以降、同指数を対象としたESG CDSを大手投資銀行が顧客に提供している、とみられています[16]。

　なお、LCHは、2012年からCDSの清算業務をCDSClearの名称で行っていますが、CDSClearは、2020年9月からiTraxx MSCI ESG Screened Europe Indexとその構成企業個別のCDSの清算業務を開始しました。

　CDSClearは、流動性を厚くしてカウンターパーティリスクを抑制するための諸施策を実施して、サステナビリティの推進に注力していますが、このCDSの清算業務の開始はその一環として位置づけられます[17]。

第 4 章

ESG関連取引所上場デリバティブ

① 取引所上場デリバティブの特徴

　ESGを指向した投資が進展する中で、取引所がESGをベンチマークとする先物、オプションを上場、取引するケースが漸増しています[1]。

　デリバティブ取引には、取引所のインフラを使って競争売買（競り）の形で取引する取引所取引と、投資家と証券会社や銀行との間で相対の形で取引するOTC取引があります。

　取引所上場をOTCとの違いに焦点を当ててみると、次のような特徴があります。

(1) 標準化

　取引所取引は、取引内容が標準化されていることに大きな特徴があります。取引所上場のデリバティブ商品は、原資産（取引対象）、取引単位、価格変動最小単位、決済期日等の取引条件が標準化（定型化）されています。

　このうち、決済期日は限月という形で標準化されています。限月は先物やオプション取引の満期が到来する月で、取引所取引では、通常、限月の異なる先物やオプションが複数、同時に上場されています。そして、直近の限月が満期になれば、その限月は上場廃止となり、それに代わって新たな限月が上場されて、投資家が自分のニーズに合った期間での取引を選択できるシステムとなっています。

　このように、取引所上場商品は、個々の取引主体のニーズに完全にフィットした商品の仕様にするのではなく、市場参加者のニーズの最大公約数的なところに焦点を当てた商品仕様になっています。そして、標準化は取引主体

のニーズの微小な違いは捨てて、そのコアを確実に押さえることにより極力多くの参加者をマーケットに呼び込み、この結果、市場流動性を厚くして、マーケットの価格発見機能が十分発揮できる素地を形成する目的を持っています。

　一方、OTC取引では、取引の当事者間で自由に取引単位、決済期日等が決められるテーラーメードの商品を対象に取引することになります。

(2) 信用リスク

　取引所取引の大きな特徴は、事実上、カウンターパーティリスクがないという信用リスクの側面にあります。

　OTC取引では、当事者間のダイレクトの契約になり、先渡し契約やオプション等の期日が到来する前に取引の相手方がデフォルトを起こしたような場合には、取引の当事者は損失を被る恐れがあります。したがって、契約締結にあたっては、相手方の信用度合いを慎重に評価することが重要であり、また、契約期間中の格付けの変化等に常に注意を払う必要があります。

　しかし、取引所取引では、すべての取引について、取引所（または取引所から委託を受けた清算機構）がカウンターパーティ（相手方）となり、取引当事者の信用リスクを肩代わりするという重要な違いがあります。従って、取引所取引においては、取引の相手方の信用度合いを心配することなく取引ができます。

　例えば、市場参加者のＡの買い注文とＢの売り注文の間で先物の出合いがついたとすると、その瞬間にこの取引は「Ａの買いと清算機関の売り」と、「Ｂの売りと清算機関の買い」という２つの先物取引に置換されます。これにより、Ａ、Ｂの取引当事者は取引の相方が清算機関となり、事実上、相手方の信用リスクを心配することなく取引ができることになります。このように、取引所取引では、ＡとＢとの間に清算機関が割って入る形でＡ、Ｂ各々が取引により持つことになるカウンターパーティリスク（信用リスク）を清算機関が肩代わりすることになるのです。

　一般的に清算機構はこうして取引の双方の当事者の間に立つことからセントラルカウンターパーティ（CCP；Central Counterparty Clearing）と呼ば

れています。そして、このCCPが信用リスクを担う点が取引所取引の大きな特徴となります。

　こうした清算機能は、取引所がインハウスで清算業務を行うこともあれば、取引所とは別の組織が取引所から受託して清算業務を行うケースもあります。

(3) 市場流動性

　取引所取引は、概して市場流動性が厚い点が特徴です。

　取引所上場商品は、スペックが標準化されていて、多くの市場参加者のコアとなるニーズを汲み取ることができます。この結果、マーケットに出される売り買いの注文量が多くなるという効果が期待できます。こうしたマーケットに出される売り買いの注文量を市場流動性といいます。

　市場流動性が潤沢であると、マーケットから適正価格がアウトプットされます。このようにマーケットの最も重要な機能である価格発見機能にとって厚い市場流動性は不可欠なものとなります。逆に、マーケットにおける注文量の減少によって対象商品の売買が極端に細くなると、新規に取引しようとしても適切な価格で取引ができないリスク、あるいは保有しているポジションを適切なタイミング・価格で手仕舞いすることができなくなる市場流動性リスクが表面化します。

　また、OTC取引と異なり取引所取引では、取引の相手方を探索するコスト（search cost）を節減でき、取引が迅速に執行されるメリットがあります。

(4) 透明性

　OTC取引では、どのような内容のデリバティブ商品がいかなる価格でどれだけ取引されているのかといった商品の仕様、相場、出来高等のデータが必ずしも明らかにされません。しかし、取引所取引では、商品の仕様はもとより、取引価格や出来高がリアルタイムで公表されるといった透明性が徹底されている点も、大きな特徴となっています。

　なお、取引所取引では、日々の値洗いや証拠金の預託、値幅制限や建玉制限といったリスク管理システムがある等、この他にもOTC取引との違いがあ

りますが、本書のテーマとは直接関連しないことから、ここでは説明を省略します。

② ESG指数デリバティブの上場取引所

2019年、Eurex がESG株価指数先物を上場し、これがきっかけとなってその後、主要デリバティブ取引所がこれに続き、また、原資産もエクイティから債券まで拡大しています[2]。

ESGデリバティブの取引所上場のトレンドをみると、ESGのなかのEにフォーカスした商品が大半でしたが、特に米国ではこのところEに加えてSにフォーカスした商品が漸増しています[3]。

また、指数の採用も当初はESGにとって好ましくない株式を除外するネガティブスクリーニングが主体でしたが、その後、ESG推進をサポートする株式を選択するポジティブスクリーニングで構築される指数を原資産とするESG株価指数先物が増加しています[4]。

(1) ESG指数デリバティブ
❶ ESG指数デリバティブの機能

2018年にNasdaq、2019年にEurex、ICE、CMEがESG指数の先物、オプションを次々に上場、2020年にCboe Global Markets がESG指数のオプションを上場しています。

また、日本では、大阪取引所が2023年5月にESG指数先物を上場しています。

ESG指数デリバティブは、投資家が原指数（underlying index）のエクスポージャーをコスト効率的に得ることができるツールを提供します[5]。

すなわち、投資家はESG指数デリバティブを、

・自己が保有の株式ポートフォリオの価格変動リスクのヘッジ

・投資ポートフォリオの構築、再構築

・指数の変動への投機

に活用することができます。

このように、ESG指数デリバティブは、通常の指数デリバティブと同様に
ヘッジや投資の機能を持ちますが、ESG投資に特別の選好、任務を持つ投資
家をターゲットとします。

最初のESG指数は、1990年にAmy DominiとSteve Lydenbergにより構築
されたDomini 400 Social Indexですが、その後、データの蓄積やテクノロジ
ーの進歩、投資家の需要増大を背景にさまざまなESG指数が数多く登場して
います[6]。

コラム 🌲 サステナビリティ促進に対するデリバティブ取引所の役割

デリバティブ取引所が上場、提供する商品のリスク管理や価格発見機能等
により、サステナブル経済社会への移行は実効性やコスト効率性の向上が加
速することが見込まれます。

国連サステナブル証券取引所連合（SSE；the United Nations Sustainable
Stock Exchanges）と世界取引所連合（WFE；the World Federation of
Exchanges）は、サステナビリティ促進に向けてのアクションプランのなか
で次の内容を強調しています[7]。

①サステナブルファイナンスのコンセンサス構築

取引所は、マーケットの発展にとって重要なサステナブルファイナンスに
積極的に参画すべきである。

②サステナビリティ商品の標準化

マーケットのエコシステムの中に位置する取引所は、取引所にさまざまな
市場参加者が集結する利点を生かして、サステナビリティ商品の標準化に向
けて貢献すべきである。

③サステナビリティ・イニシアティブ等の透明化

取引所は、マーケットで取引されるサステナビリティ商品の特性や市場参

加者によるサステナビリティ商品の取引慣行、サステナビリティ・イニシアティブについての透明性の向上を促進するプラットフォームを提供すべきである。

④サステナビリティ・レポート等の普及

取引所は、サステナビリティ・レポートの公表やサステナビリティ活動等についての慣行が市場参加者の間に普及するよう努めるべきである。

⑤サステナビリティ関連データの収集・活用

取引所は、マーケットの発展のためにサステナビリティ関連データを収集して、これをサステナビリティに関わる新商品の開発等に活用すべきである。

⑥サステナビリティ関連商品の上場

取引所は、顧客の要請や規制の変更等に応じて、脱炭素化等のサステナビリティに関わる商品を上場すべきである。これには新商品のほか、既製商品にサステナビリティの要素を組み込んだ商品も含まれる。

こうした商品の上場によって価格発見機能の強化やサステナビリティ商品へのマーケットのシフトを推進することができる。

---

❷ ESG指数の分類と投資戦略

サステナブル投資家の指数選択に大きな影響を及ぼすESG指数の構築方法やESG投資戦略には次のような種類があります[8]。

i ネガティブスクリーニング (Negative/Exclusionary Screening)

特定のESG基準に基づき一定のセクター、企業、慣行をファンドやポートフォリオから排除。

ii ポジティブスクリーニング (Positive/Best-in-Class Screening)

相対的にポジティブなESGパフォーマンスを示すセクター、企業、プロジェクトに投資。

iii 規則準拠のスクリーニング (Norms-based Screening)

OECD、ILO、UN、UNICEF等が定める国際基準に基づく企業慣行の最低限をクリアする企業への投資。

iv ESG統合 (ESG Integration)

ESG要素をシステマティックかつ明確に投資戦略に組み込む。

v サステナビリティをテーマとする投資 (Sustainability Themed Investing)

サステナビリティに関連したテーマやアセット（クリーンエネルギー、グリーンテクノロジー、サステナブル農業等）への投資。

vi インパクト投資 (Impact/Community Investing)

社会・環境問題を解決することを目的とする投資。低水準のサービスしか受けてこられなかった人々やコミュニティに資金を振り向けるとか、社会・環境問題の解決に明確な目的を持つ企業へのファイナンス。

vii コーポレートエンゲージメントと株主行動 (Corporate Engagement and Shareholder Action)

企業行動に影響を与えるために株主パワーを活用。直接的なコーポレートエンゲージメント（執行幹部や取締役会との話合い）、ESGガイドラインに沿った株主提案や代理投票。

(2) EurexのESG株価指数・債券先物、オプション

　Eurexは、2019年にESG株価指数先物を上場して以来、数多くのESG関連デリバティブを上場、取引しています[9]。

❶ EurexのESG株価指数先物、オプション

　Eurexでは、指数算出等のビジネスを展開する金融サービス会社のSTOXXやMSCI、それにドイツ株式市場（フランクフルト市場）の代表的な株価指数を原資産とする先物、オプションを上場、取引しています。

　EurexのESG株価指数先物、オプションの主な特徴は次のとおりです[10]。

・欧州で最初のESG先物を上場。

・石炭火力発電プラント操業の企業を除外した米国企業をカバーしたESGデリバティブ。

・ESG-X、低炭素、気候インパクト、Europe ESG Leaders Select 30の指数を原資産とするサステナブル指数デリバティブ。

・ネガティブスクリーニング、規範に基づくスクリーニング（norms-based screening）、ポジティブスクリーニング、気候変動スコアリングをカバーしたESG手法を採用。

　また、日本に関する銘柄ではMSCI Japan ESG Enhanced Focusが上場されています。

　これは、MSCI Japan Indexをベースとしており、日本の株式市場の大型と中堅株の株価から形成されています。

　この指数は、ESGの要素のポジティブでCO_2、GHG排出削減に注力している株式から構成され、MSCI Japan Indexのリスク・リターンに近似することを指向しています。

【図表1】Eurex の ESG 株価指数の各種指数

1. 先物

STOXX	EURO STOXX、STOXX Europe 600、STOXX USA 500
MSCI	MSCI World、MSCI EM、MSCI EAFE、MSCI USA、MSCI Japan、MSCI Europe、MSCI EM Asia
DAX	DAX 50

2. オプション

STOXX	EURO STOXX、STOXX Europe 600
MSCI	MSCI World、MSCI EM、MSCI USA、MSCI Europe
DAX	DAX 50

(注)実際には、各指数がさらにいくつかの指数に分かれている。例えば、MSCI Japanには、ESG Screened futures と ESG Enhanced Focus がある。

（出所）EUREX "ESG Derivatives Overview"

❷ Eurex の ESG 債券指数先物

　ESG株価指数先物に続いてESG債券指数先物が、開発、上場されています。

　Eurexでは、2021年にGlobal Green Bond指数先物とBloomberg MSCI Euro Corporate SRI先物を上場しています[11]。

　これは世界最初のESG債券指数先物です。

【図表2】Eurex 上場の ESG 債券指数先物

名称	Global Green Bond 指数先物、Bloomberg MSCI Euro Corporate SRI 先物
取引単位	EUR 1,000
呼び値の最小単位	指数の 0.01 = EUR 10
限月	3、6、9、12 月サイクルの直近 3 か月
決済	現金決済

（出所）Eurex "Integrating ESG into Fixed Income Investing"

(3) ICEのESG株価指数先物

ICEは、MSCIと提携してMSCIのESG株価指数を対象とする先物を上場しています[12]。

MSCIのESG株価指数先物は、MSCIの4種類のカテゴリーから派生したいくつかの指数を対象に、合計15にのぼる銘柄の先物を上場しています。

また、日本に関する銘柄ではMSCI Japan ESG Select Leaders指数先物が上場されています。

MSCI Japan ESG Select Leaders指数は、親指数であるMSCI JapanIMI指数構成銘柄から親指数における世界産業分類基準（GICS）業種分類の時価総額50%を目標に、ESG評価に優れた企業を選別、形成された指数です。この選別手法には、ESG評価の高い企業を選別する際に起きる業種の偏りを抑制する狙いがあります。

【図表3】MSCI Japan ESG Select Leaders指数先物

名称	MSCI Japan ESG Select Leaders GTR（Gross Total Return）指数先物
取引単位	￥1,000
呼び値の最小単位	指数の0.01 = EUR 10
限月	3、6、9、12月サイクルの直近5限月
決済	現金決済

（出所）ICE "ICE MSCI ESG Derivatives"

(4) CMEのESG株価指数先物

CMEでは、E-mini S&P Europe 350 ESG株価指数先物とE-mini S&P 500 ESG株価指数先物の2商品を上場しています[13]。

E-mini S&P Europe 350 ESG先物の原資産であるS&P Europe 350 ESG指数は、15の欧州各国のマーケットをカバーしています。個別国の割合は、英、仏、スイスが各2割前後となっており、それに続いて独が約15%となっています。

S&P Europe 350 ESGは、たばこ、兵器、石炭関連企業を除外するとともに、国連グローバルコンパクト（コラム参照）等でESGにつき低スコアの企

業を除外するネガティブスクリーニングが行われて選抜された企業で構成されています。

また、E-mini S&P 500 ESG先物の原資産であるS&P 500 ESG指数は、S&P 500を構成する企業を母体として、E-mini S&P Europe 350 ESGと同様、ネガティブスクリーニングが行われて選抜された企業で構成されています。

【図表4】E-mini S&P Europe 350 ESG先物、E-mini S&P 500 ESG先物

名称	E-mini S&P Europe 350 ESG先物	E-mini S&P 500 ESG先物
取引単位	EUR 500	$500
呼び値の最小単位	指数の0.05 = EUR 25	指数の0.02 = $10.00
限月	3、6、9、12月サイクルの直近5限月	
決済	現金決済	

（出所）CME "ESG Solutions"

コラム 🌲 国連グローバルコンパクト

1990年代、急速にグローバル化が進むなかで、グローバル化の負の側面が顕著となり、国家や国際機関だけではグローバルな課題を解決できなくなりました。

そこで、1999年、ダボス会議で当時の国連事務総長であったKofi A.Annanは企業にグローバルな課題解決への参画を求め、人間の顔をしたグローバリゼーションへの取り組みを促しました。

こうした背景のもとで組成されたのが国連グローバルコンパクト（UN Global Compact）です。国連グローバルコンパクトは、国連と民間（企業・団体）が協調して健全なグローバル社会を築くことを目的にする世界最大のサステナビリティ・イニシアティブです[14]。

UN Global Compactに署名した企業・団体は、世界で24千を超えており、日本は600近くの企業・団体が加入しています。

UN Global Compactに署名する企業・団体は、人権の保護、不当な労働の

排除、環境への対応、腐敗の防止に関わる10の原則に賛同するとの企業トップ自らのコミットメントのもとに、その実現に向けて努力を継続しています。

....

(5) Cboe Global MarketsのS&P 500 ESG指数オプション

Cboe Global Marketsは、2020年にS&P 500 ESG指数オプションを上場しています[15]。

原資産はS&P 500 ESG指数で、指数は上述（4）のCME採用の指数と同じです。

【図表5】 Cboe Global MarketsのS&P 500 ESG指数オプション

原資産	S&P 500 ESG指数
乗数	＄100
呼び値の最小単位	指数の0.05＝＄5.00
権利行使	ヨーロピアンオプション
限月	直近12限月

（出所）Cboe "S&P 500 ESG Index Options Product Specifications"

(6) 大阪取引所のESG指数先物

日本取引所グループ傘下の大阪取引所では、2023年5月からESG指数を対象とする3種の先物を上場しています[16]。

❶ S&P / JPX 500 ESGスコア・ティルト指数先物

S&P/JPX 500 ESGスコア・ティルト指数先物の原資産であるS&P/JPX 500 ESGスコア・ティルト指数（傾斜0.5）は、TOPIX500をユニバースとし、浮動株調整後の時価総額のウエイトからS&Pダウ・ジョーンズ・インデックス社のESGスコアの高い企業のウエイトを引き上げ、同スコアの低い企業のウエイトを引き下げる指数です。

S&P/JPX 500 ESGスコア・ティルト指数先物は、広範で多様な投資対象を維持しながらESGエクスポージャーを高めたいという投資家のニーズに応え

るスペックとなっています。

❷ FTSE JPX ネットゼロ・ジャパン500指数先物

FTSE JPX ネットゼロ・ジャパン500指数先物の原資産であるFTSE JPX ネットゼロ・ジャパン500インデックスは、TOPIX500をユニバースとし、GHG 排出量について、ユニバース対比30%削減したうえで、年間平均で対前年比 7%削減するように構成銘柄のウエイトを調整することで、運用資産における GHG排出量を2050年までにネットゼロにすることを目指す指数です。

FTSE JPX ネットゼロ・ジャパン500指数先物は、グリーン経済へのシフト に取り組む企業を評価するため、グリーン関連収益へのエクスポージャーを 大幅に上昇させるスペックとなっています。

❸ 日経平均気候変動1.5℃目標指数先物

日経平均気候変動1.5℃目標指数先物の原資産である日経平均気候変動1.5 ℃目標指数は、日経平均株価の構成銘柄、ウエイトをベースに、指数全体の 企業価値当たりのGHG排出量を日経平均と比べて50%以上削減し、かつ前 年比で毎年7%以上削減するように各構成銘柄のウエイトを調整して算出す る指数です。

【図表5】大阪取引所のESG指数先物

	S&P/JPX 500 ESGスコア・ティルト指数先物	FTSE JPXネットゼロ・ジャパン 500指数先物	日経平均気候変動1.5℃目標指数先物
取引単位	指数×10,000円	指数×10,000円	指数×1,000円
限月	3月、6月、9月、12月のうち直近3限月		
呼び値の単位	0.5ポイント	0.5ポイント	10円
決済	現金決済		

(出所)大阪取引所「大阪取引所における新商品の取引開始について」2023.5.29

第 5 章

カーボンマーケットとデリバティブ[1]

① カーボンマーケット

地球温暖化を抑止する具体策にはさまざまな手法がありますが、なんといっても地球の温度上昇と強い関係がある GHG の 9 割を占める CO_2 排出量の削減が極めて重要な施策となります。そして、CO_2 削減策の中核として機能しているのがカーボンマーケットです。

カーボンマーケットには、規制スキーム（mandatory / compliance scheme、義務的スキーム）とボランタリースキーム（voluntary program、任意スキーム）があります。

このうち、規制スキームの排出量取引制度は、政府や地方公共団体により創設、規制されますが、国際協力により運営されるものもあります。規制スキームは、市場機能を活用して炭素に価格付けを行うことにより、GHG 排出を削減する代表的な排出量取引制度です。

なお、排出量取引には、CO_2 のほかにメタン（CH4）や亜酸化窒素（N2O）等の GHG もありますが、CO_2 を対象とする取引が圧倒的に多い状況にあります。

(1) キャップ・アンド・トレード
❶ キャップ・アンド・トレードの仕組み[2]

排出量取引制度（ETS；emissions trading system）は、市場の機能を活用した形での排出量削減スキームで、キャップ・アンド・トレードとかアローアンス取引制度と呼ばれます。

排出量取引制度は、2 つの要素から構成されます。

94

　第1は、排出量の上限の設定でキャップと呼ばれます。全体の排出量の削減を指向して上限は、毎年下げていきます。

　第2は、対象者に付与される一定数量の排出枠（排出許容枠）でアローアンスとか排出権と呼ばれます。排出量の削減をより効率的に行った結果、キャップに到達するまでに余裕がある主体は、キャップを維持できないほどの量の排出を行う主体に対して、余剰アローアンスを売却するというかたちでトレードすることができます。

　そして、この第1と第2を合わせてキャップ・アンド・トレードと呼んでいます。

　キャップ・アンド・トレードは、GHGの排出総量を確実、効率的に削減するために、企業や公共部門といった大口排出源のGHG排出量にキャップを設定して排出総量削減を促すとともに、企業間でのアローアンスのトレードを認めるという柔軟な仕組みとなっています。

　このように、キャップ・アンド・トレードは、GHGの排出枠を上回りそうな主体に対して枠内に排出量を収めることを厳格に求めるのではなく、他から余裕枠を買い入れることができる排出規制の緩和策で、排出削減にマーケットメカニズムのメリットを導入した点に大きな特徴があります。

　すなわち、キャップ・アンド・トレードでは、マーケットでアローアンスを取引することにより、マーケットが本来的に持つ機能を活用することができます。マーケットでの売り買いないし需給状況によってアローアンスの価格が形成されて、そのデータがすべての市場参加者にとってアベイラブルになるという価格の透明性が確保されます。

　そして、企業はアローアンスの価格の状況を把握したうえで、環境関係投資等についての経営戦略を策定することができます。このように、マーケットで形成されたアローアンスの価格は、環境対策のコストとベネフィットの関係を定量的に把握する際や、環境改善設備を製造・販売する場合のプライシングの際に重要な材料を提供することとなります。

【図表1】排出枠の設定と取引のイメージ

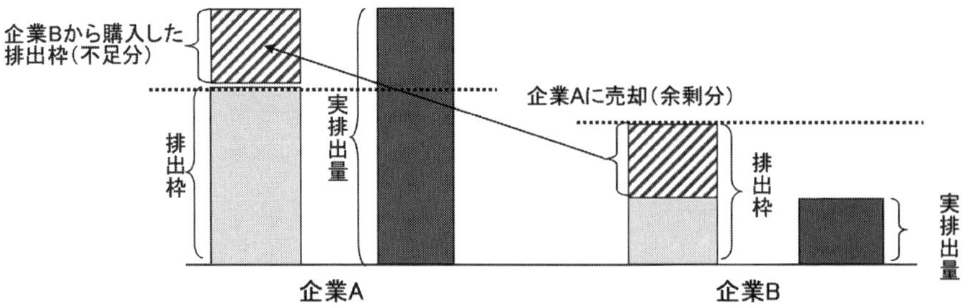

(出所)環境省地球温暖化対策課 市場メカニズム室「国内排出量取引制度について」2013.7

❷ 欧米のカーボンマーケット

ⅰ　EU-ETS

EU域内では、2005年から排出権取引が開始されました。これは、EU Emissions Trading Scheme を略して EU-ETS と表わされます[3]。

EU-ETSは、発電所、石油精製、製鉄、セメント、パルプ・製紙、航空・海運部門等、大規模な燃料消費を行う1万を超える主体を直接の対象とする強制参加のスキームとなっています。

制度の適用期間は、第1フェーズ（2005-2007年）、第2フェーズ（2008-2012年）、第3フェーズ（2013-2020年）、第4フェーズ（2021-2030年）の4フェーズに分けられています。そして、各主体への割り当てはEU委員会が各国に割り当てた排出量をもとに行われ、この割り当ては、EUA（EU Allowances）と呼ばれます。

割り当ての方式は、発電部門は原則としてオークションによる有償割当とし、産業部門はベンチマーク方式（生産量当たりの望ましいCO_2排出量に生産量を乗じてアローアンスを設定）による無償割当とされています。

EU-ETSは、キャップ・アンド・トレード方式での排出権取引で、各主体は、割当量に余裕が出た場合にはマーケットで売却することができ、また逆に割当量を超えるときにはCO_2排出量の少ないエネルギーへのシフト等を行うか、EUAをマーケットで購入するか、選択することができます。

そして、この規制が遵守できない場合には罰金が科せられます。

ⅱ　RGGI

米国の RGGI（The Regional Greenhouse Gas Initiative 、GHG 削減イニシアティブ）は、北東部の 12 州による電力セクターからの CO_2 排出を削減する取り組みです[4]。12 州の顔ぶれは、コネチカット、デラウエア、メイン、メリーランド、マサチューセッツ、ニューハンプシャー、ニュージャージー、ニューヨーク、ペンシルバニア、ロードアイランド、バーモント、バージニアです。

RGGI は、電力セクターからの CO_2 排出量削減を目的としており、規制対象は 25MW を超える発電能力を持つ電力会社です。対象となった電力会社は、自社が排出する CO_2 に見合う量のアローアンスを RGGI の各州が実施する入札で入手する必要があります。

RGGI の入札方式は、マーケットに不測の混乱が発生しないよう設計されています。例えば、入札の最低価格が設定されていて、2023 年は 1 アローアンス 2.50 ドルとなっています。

RGGI の各州が CO_2 アローアンスの入札から得た資金は、各州におけるエネルギーの効率性向上、再生エネ、GHG 抑制、気候変動対応等のエネルギー戦略や消費者支援に活用されます。なお、2021 年に RGGI が得た資金は 374 百万ドルとなっています。

ⅲ　CCA

カリフォルニア州では、キャップ・アンド・トレードで GHG の抑制を指向する ETS（Emissions Trading System）が制定されています。

カリフォルニア州は、ETS を排出量削減の軸として州全体の排出量を 2030 年までに 1990 年比 40％の削減、2050 年までに 1990 年比 80％の削減を目指しています。

ETS は、GHG の排出量が多い大規模の発電プラント、工業プラント、天然ガス・ガソリン供給会社等の 450 社を対象としており、州の GHG 排出量の 85％をカバーします。

カリフォルニア州の ETS は、CARB（California Air Resources Board）により運営されています。アローアンスである CCA（Carbon Credit Allowance）

は、州外企業との競争の兼ね合い等を勘案して、電力会社、製造業、天然ガス取扱業者には無償配布、その他は入札により配付されます。

　入札により得た資金は、州のGHGの削減ファンドのGGRF（Greenhouse Gas Reduction Fund）を通じてさらなるGHG排出量削減のために州の関係機関に配分されます。

❸ 東南アジアのキャップ・アンド・トレード

ⅰ　中国[5]

　2020年9月、習近平国家主席は国連総会で2060年までにカーボンニュートラルの達成を目標とすることを表明しました。

　中国では、2011年に排出量取引制度が2省5市（北京、天津、上海、重慶、深圳、湖北、広東）においてパイロット炭素市場として始まりました。

　取引参加企業は、電力、鉄鋼、セメントをはじめとする約20の業種、3千近くの企業等です。

　そして、2021年から上海環交所（上海環境エネルギー取引所）で、全国統一のCO_2排出量取引が行われています。取引は、キャップ・アンド・トレード制度をベースにしています。

　パイロット炭素市場を開設した7つの地方取引所は、2013年以降、オンライン取引を開始しており、この地域では排出削減を効果的に推進するとともに、システム構築、人材育成等に注力したことが全国統一市場の構築に結び付いたということができます[6]。

ⅱ　韓国

　韓国では、低炭素グリーン成長基本法に基づき、2015年からキャップ・アンド・トレード方式の国内排出量取引制度を運用しています[7]。

　韓国の排出量取引制度は10年を単位として5年毎に策定され、キャップ・アンド・トレード制度に関する中長期の政策目標と基本方向が定められています。

　対象となるのはGHG排出量が大きい発電、産業、公共・廃棄物、建物、輸送の5部門525事業者で、国内GHG排出量の約70%をカバーします。

　そして、韓国取引所が排出権取引市場として指定され、2015年初から取引を行っています。

　取引の対象となる排出枠は、次の3種類です。

・割当排出枠（KAU；Korean Allowance Unit）：割当対象業者に割当られた排出枠

・相殺排出枠（KCU；Korean Credit Unit）：外部事業者による削減から転換された排出枠

・外部事業削減量（KOC；Korean Offset Credit）：国際的な基準に基づき、事業所外でGHGを削減・吸収・削除し、政府から認証を受けた削減実績で、KCUに転換し市場で取引可能

ⅲ　インドネシア

　インドネシアは、世界第3の熱帯雨林地帯であるとともにGHGの大量排出国でもあり、2030年までに30％の排出量の削減、2060年までにゼロカーボンを指向しています。

　2023年9月、インドネシア政府は、IDX Carbonの名称でカーボン取引所（Indonesia Carbon Exchange）を立ち上げました。IDX Carbonは、オンライン取引所でインドネシア証券取引所により運営されます。IDX Carbonは、規制市場とボランタリー市場の両建てで取引が行われています。

　すなわち、IDX Carbonでは、PTBAE-PUとSPE-GRKが取引されています。

　PTBAE-PUは、規制市場でキャップ・アンド・トレードにより売買されるアローアンスです。

　一方、SPE-GRKは、ボランタリー市場で売買されるカーボン・クレジットないしカーボン・オフセットです。カーボン・クレジットは、政府の登録システム（National Registry System for Climate Change Control）に登録する必要があります。SPE-GRKは、IDX Carbonを通じて、入札か競争売買、相対取引で売買されます。プロジェクトのオーナーはSPE-GRKの売り手となる一方、GHG排出量を抑えたいとする企業はSPE-GRKの買い手となります。

❹ 日本のキャップ・アンド・トレード

日本では、2010年に東京都が、また2011年に埼玉県がキャップ・アンド・トレード制度を導入しています。以下では、東京都のキャップ・アンド・トレード制度についてみることとします。

この制度の対象事業所は年間のエネルギー使用量が原油換算で1,500キロリットル以上のオフィスビル、工場等の約1,200の大規模事業所です。

削減義務の対象は、燃料・熱・電気の使用に伴い排出されるCO_2で、削減計画期間は、第1期2010〜2014年度、第2期2015〜2019年度、第3期2020〜2024年度と各期5年間に設定されています。

企業は、エネルギー効率の高い機器の導入等、自社施設によるCO_2削減対策に加え、事業所間の排出量取引や、各種クレジットの活用、バンキング（超過削減量等を次期間に繰越活用）が可能です。設定された削減義務が未達成の場合には、義務不足量×1.3倍の削減を求めるとか、低炭素電気事業者からの電気購入を義務履行に利用する等の措置がされています。

なお、東京都と埼玉県は、両都県における相互のクレジット取引を可能にする等、制度設計及び運営において連携・協力することにより、首都圏のキャップ・アンド・トレード制度の波及に向け取り組むこととしています[8]。

(2) プライマリーマーケットとセカンダリーマーケット

排出量取引には、プライマリーマーケット（1次市場）とセカンダリーマーケット（2次市場、流通市場）があります。

❶ プライマリーマーケット

プライマリーマーケットは、アローアンスをETSを遵守しなければならない主体に、また、排出量削減プロジェクトにより生まれたカーボン・クレジットを購入する主体に売却するマーケットです。

ETSの仕組みによると、アローアンスは無料か入札により排出量削減を指向する主体に配られることになります。

❷ セカンダリーマーケット

　セカンダリーマーケットは、アローアンスとオフセットクレジットの流通市場です。

　企業はキャップ・アンド・トレードに沿うために、排出量を一定以下に抑えるか、アローアンスを入札によるかコンプライアンスに必要となる以上のアローアンスを持つ企業から購入する必要があります。

　企業が排出量を制限以下に抑えた場合には、アローアンスを売却して、先行きの排出量削減投資に振り向けることができます。また、企業は、予測される価格変動に基づきポジションをとる等の理由でアローアンスやオフセットを売買します。

　セカンダリーマーケットは、取引所取引とOTC（店頭）取引があり、相互補完の関係にあります。

　取引所取引は、標準化商品を対象に取引することにより厚い流動性を形成して、価格の透明性を提供します。また、取引所は、清算機能によって買い手に対して売り手となり、売り手に対して買い手となることにより、取引の相手方の信用リスクを肩代わりします。

　一方、取引の当事者間で直接行われるOTC取引は、個々の取引当事者のニーズをきめ細かく汲み取ったスペックの商品にカスタマイズすることができるという特徴を持っています。

　そして、市場参加者は、アローアンスやオフセットのスポットや先物、オプションといったデリバティブを取引することができます。

(3) ボランタリーカーボンマーケット

❶ 民間主導の運営マーケット

ⅰ　ボランタリーカーボンマーケット

　カーボンマーケットは、上述の規制スキームのほかに、ボランタリーベースのスキームがあります。

　ボランタリーカーボンマーケットは、規制スキームの排出量取引制度の枠外で機能して、企業、NPO、大学、個人等がカーボン・クレジットをボランタリーで購入します。こうした購入動機は、CSR（corporate social responsibility）の目標達成等が典型例となります。

　ボランタリーカーボンマーケットにおける取引では、適切なモニタリングが信用度を確保するうえで必須の要件となります。

　なお、2020年9月、民間のタスクホースが排出量削減を目的にボランタリーカーボンマーケット・タスクフォース（The Taskforce on Scaling Voluntary Carbon Markets）を創設しました。このイニシアティブは、Mark Carney元イングランド銀行総裁で現気候アクション国連特別大使等により立ち上げられたもので、カーボンクレジットの売り手・買い手、金融機関、マーケットインフラの提供者、市民団体、国際機関、学会等、250を超えるメンバーで構成されています[9]。

ⅱ　カーボン・クレジット

　カーボン・クレジットは、ボイラーの更新や太陽光発電設備の導入、森林管理等、排出量削減の各種プロジェクトを対象に、そのプロジェクトが実施されなかった場合の排出量の見通し（ベースライン排出量）とプロジェクト実施後排出量の差を取引できるようにする仕組みです[10]。カーボン・クレジットは、「ベースライン・アンド・クレジット」と呼ばれることもあります。

　カーボン・クレジットは、MRV（Monitoring：モニタリング、Reporting：報告、Verification：検証）のプロセスを経て、t-CO_2単位（GHG排出削減量）で、国や企業等の間で取引できるよう認証されます。

　カーボン・クレジットは、国連・政府が主導し運営される制度と、民間セクターが主導し運営される制度が存在し、後者はボランタリークレジットと呼ばれます。

　カーボン・クレジット購入者はカーボン・オフセットに代表される自主的な活用や、カーボン・クレジットの種類によっては公的制度への活用も可能であり、また、カーボン・クレジット創出者は、カーボン・クレジット売却収益を得ることができます。こうしたことから、カーボン・クレジットは、排出削減・炭素吸収・炭素除去に対するインセンティブメカニズムの一つと考えることができます[11]。

　前述のキャップ・アンド・トレードは規制的側面を持つことが特徴である

のに対して、ベースライン・アンド・クレジットは自主的な取り組みであることが特徴となっています。

【図表2】ベースライン・アンド・クレジットとキャップ・アンド・トレードの違い

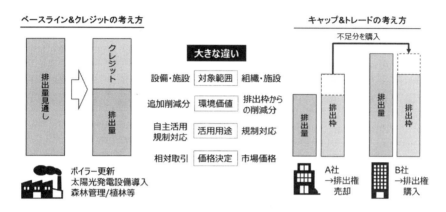

（出所）経済産業省「カーボン・クレジット・レポート」カーボンニュートラルの実現に向けたカーボン・クレジットの適切な活用のための環境整備に関する検討会 2022 .6

　日本における炭素削減価値を持つカーボン・クレジット制度にJ-クレジットがあります。これは、経済産業省・環境省・農林水産省が管理者となり、2013年より運営されている制度で、省エネ・再エネ・森林等を対象に幅広くカーボン・クレジットを認証しています。

　一方、外国における炭素削減価値を持つカーボン・クレジット制度にはCDMやJCM等があります。CDMとJCMの大きな違いは、CDMは全体で一括管理されるのに対して、JCMは2国間で個別に管理される点にあります。

・CDM（Clean Development Mechanism、クリーン開発メカニズム）

　CDMは、京都議定書で規定されたカーボン・クレジット制度です。

　先進国と途上国が共同で排出削減プロジェクトを途上国で実施してそれによる排出削減量をCERクレジット（1CERクレジット＝$CO_2$1トンに相当）として取得、両国で分配します。投資国である先進国は、それを自国の目標達成に利用することができます。

・JCM（Joint Crediting Mechanism、2国間クレジット制度）

JCMは、日本とパートナー国との2国間での取り組みです。

日本からパートナー国への優れた脱炭素技術、製品、システム、サービス、インフラ等の提供や対策実施を通じ、パートナー国での排出削減・吸収や持続可能な発展に貢献し、その貢献分を定量的に評価し、相当のクレジットを日本が獲得することで、双方の国が決定するNDCの達成に貢献する仕組みです。

なお、NDC（Nationally Determined Contribution、国が決定する貢献）は、パリ協定において、すべての締約国が5年毎に提出・更新する義務を負うGHGの排出削減目標です。

❷ 取引所運営のボランタリーカーボンマーケット

i　ロンドン証券取引所のボランタリーカーボンマーケット

ロンドン証券取引所は、気候変動対応のプロジェクトへの資金供給を促進することを目的にボランタリーカーボンマーケットを立ち上げています[12]。

気候変動対応のプロジェクトの主体となるファンドや運営主体の企業は、ロンドン証券取引所のMain Market、またはAIM（Alternative Investment Market）での証券取引が認められる必要があります。なお、Main Marketは主要企業のためのマーケットで、AIMは新興企業のためのサブマーケットです。

ファンドや企業は、ロンドン証券取引所のボランタリーカーボンマーケットへの参加が承認されると、取引所のインフラを使用して資金を調達、資金提供者である投資家への配当としてカーボン・クレジットを発行することができます。

ファンドや企業は、それにより調達した資金をすべてGHG削減プロジェクトに投入することも、その一部を気候変動対応ポートフォリオのアセットとすることもできます。

ファンドや企業は、気候変動対応のプロジェクトに関するディスクロージャーを行う必要があります。ディスクロージャーの内容は、プロジェクトを運営する適確な主体、プロジェクトのタイプ、カーボン・クレジットから得

られる予想利益、SDGsへの適合状況の予想等です。

ⅱ　シンガポール証券取引所のボランタリーカーボンマーケット [13]

　シンガポール証券取引所は、金融機関のDBSやスタンダードチャータード等と合弁でClimate Impact X（CIX）を設立しました。

　CIXは、シンガポールをカーボン関連のサービスとソリューションのハブとすることを目指すサステナビリティのアクション連盟（Taskforce's Alliance for Action（AfA）on Sustainability）が生み出したベンチャーです。

　CIXは、ボランタリーカーボンマーケットの発展を促進することを指向して、カーボン取引所とプロジェクト・マーケットプレースの2つのデジタルプラットフォームを提供しています。

a　カーボン取引所

　カーボン取引所は、多国籍企業や機関投資家を市場参加者として、大規模で高品質のカーボン・クレジットを取り扱い、価格の透明性を提供するデジタルプラットフォームです。

　カーボン取引所における取引は、カーボン・クレジットの内容や品質が定められていることから、ある特定のプロジェクトからクレジットを直接購入することに比べると、こうした標準化された取引により、品質の要件をクリアした複数のプロジェクトによるクレジットのプーリングの形成を実現することができます。

b.　プロジェクト・マーケットプレース

　プロジェクト・マーケットプレースは、ある特定のプロジェクトから、直接にカーボン・クレジットを購入するために活用されるデジタルプラットフォームです。

　このマーケットプレースに参加するクレジットの買い手は、企業の使命やサステナビリティへの取り組み等、さまざまなニーズを持っており、マーケットプレースはそれに応えて、標準化されたクレジットのほか、あるプロジェクト特有のクレジット等を提供するプラットフォームとして機能します。

　CIXは、人工衛星によるモニタリングや機械学習、ブロックチェーンを活用してカーボン・クレジットの透明性、品質確保を指向しています。

　CIXで取り扱われるクレジットは、VerraやGold Standard等、グローバルスタンダードで認証されたものです。

　なお、Verraは、世界で最も流通量が多いVCS（Verified Carbon Standard）を発行している米国のグローバルNPOです。また、Gold Standardは、CDM（クリーン開発メカニズム）やJI（共同実施）プロジェクトの質の高さに関する認証基準を策定したスイスを拠点とするグローバルNPOです。

iii　日本のカーボン・クレジット市場

a. 東京証券取引所のカーボン・クレジット市場

　経済産業省が主催する「カーボンニュートラルの実現に向けたカーボン・クレジットの適切な活用のための環境整備に関する検討会」は、2022年6月、カーボン・クレジット・レポートを公表しました[14]。

　このカーボン・クレジット・レポートでは、カーボン・クレジットの定義・要件等の基本的な事項や、国内外の動向、日本におけるカーボン・クレジットの課題を整理するとともに、残余排出をオフセットする手段としてのカーボン・クレジットの位置付けや情報開示のあり方等を提示しています。

　経済産業省実施のカーボン・クレジット市場の技術的実証等事業では、多様なカーボン・クレジットの価格が公示される形で広く取引される市場の構築に向けて、取引の流動性をどのように高めるか、公示される価格が適切にシグナルとして働くか、多様なクレジットの付加情報も併せて流通させるか、といった観点から検討することを目的に、J-クレジットの試行取引が実施されています[15]。

　そして、2050年カーボンニュートラル目標実現のため、カーボンプライシングの制度設計として排出量取引制度の導入を指向して、2023年度から試行取引、2026年度から本格稼働が予定されており、その中で2023年度にカーボン・クレジット市場の創設が見込まれていました。

　こうした状況を背景に、東京証券取引所は、2022年度に経済産業省から受託、実施した「カーボン・クレジット市場の技術的実証等事業」から得た知

見と市場運営の経験を活かして、2023年10月にカーボン・クレジット市場を開設しました。

　具体的には、図表3の概要で上場株式等の金融商品市場とは異なる市場としてカーボン・クレジット市場を開設しています。

【図表3】カーボン・クレジット市場制度概要

項　目	概　要
取引対象	J-クレジット
参加者	カーボン・クレジット市場参加者[注1]
約定の方法	午前1回11：30、午後1回15：00価格優先
注文の種類	指値注文（売買値段を指定する注文）のみ[注2]
売買区分	「J-クレジット」については、省エネ、再エネ（電力）、再エネ（熱）等 クレジット活用用途に応じた6分類
売買単位	$1t\text{-}CO_2$
呼び値の単位	1円
決済方法等	・約定日から起算して6営業日後（T＋5） ・代金（買い方）及びクレジット（売り方）の授受 ・クレジット移転及び資金決済は、取引の安全性確保のため、東証が売り方と買い方の間に入る決済方式
取引情報	売買価格や数量を毎営業日公表

(注1) 市場参加者は、法人、政府、地方公共団体または任意団体。2023年12月6日現在243者
(注2) カーボン・クレジットの流動性や成立価格の妥当性、参加者の誤発注防止等の観点から、安定的な市場運営のため、指値注文のみとし、成行注文（売買値段を指定しない注文）は不可とされている。
　(出所) 東京証券取引所「カーボン・クレジット市場制度概要」2023.7.24

b. Carbon EX

　Carbon EXは、SBIホールディングスとアスエネが共同設立したカーボンクレジット・排出権取引所で、2023年10月からサービスを開始しています[16]。

　Carbon EXは、内外の森林・自然由来のクレジット、CO_2回収・貯留技術、再エネ・省エネ等のクレジット創出事業者やトレーダー等の販売主と大企業等の購入者が参加、ボランタリーカーボンクレジット、J-クレジット、非化石証書等の幅広いカーボン・クレジットやESG商品を取り扱うカーボン・ク

レジット・排出権取引所で、先行き二国間クレジット制度（JCM）やESG商品等も取り扱う方針です。

　Carbon EXでは、アスエネのCO₂見える化クラウド等のシステム連携により調達状況を一元管理・オフセット取組の外部公表等をサポートするサービスを提供しています。

　2023年10月初現在におけるCarbon EXのプラットフォームの登録数は300社強、登録クレジットは130万トン強、取り扱う種類は35種類のクレジット・非化石証書（コラム参照）となっています。

　なお、Carbon EXでは英国のカーボン・クレジット格付け機関、BeZero Carbonの評価プラットフォームBeZero Carbon Ratingを導入しています[17]。

　BeZero Carbon Ratingでは、1トン当たりのCO₂排出削減を達成する可能性を8段階で評価して開示、これによりCarbon EXの顧客はボランタリーカーボンクレジットを購入する前に各クレジットの品質に関する情報を得て比較検討することができます。

....

コラム 🌲 非化石証書

　非化石証書は、石油や石炭等の化石燃料を使っていない再生エネ等の非化石電源で発電された電気が持つ非化石価値を証書化したものです[18]。

　カーボン・クレジットは、ベースラインに基づくGHG排出削減量をt-CO₂単位で認証するのに対し、非化石証書は再生エネ由来の電力量をkWh単位で認証します。

　エネルギー供給構造高度化法（高度化法）では、電気・ガス事業者等は2030年度に非化石電源比率（供給電力量に占める非化石電源由来電力量の比率）を44％以上にすることを目標として定めています。

　このため、対象事業者は、2030年度までに高効率な電源を調達して非化石電源比率を引き上げる努力をする必要があります。

　資源エネルギー庁では小売電気事業者が非化石電力を公平に調達できるよう、非化石価値取引市場を創設しました。自社において非化石電源を保有し

ない小売電気事業者でも、取引市場でこの証書を購入することにより、高度
化法の義務の履行に利用することができます。

(2)　カーボンマーケットとデリバティブ

(1) カーボンマーケットにおけるデリバティブの役割[19]

いまや、ネットゼロカーボン経済を指向するカーボノミクス (Carbonomics)
の時代です[20]。

そして、デリバティブは、カーボノミクスの実現を目指す排出量取引にと
って極めて重要な役割を担っています。

排出量の規制下にある企業は、アローアンスやカーボン・オフセットを原
資産とするカーボンデリバティブを活用することによりコスト効率的に規制
の遵守とリスク管理が可能となります[21]。

カーボンマーケットにおけるデリバティブの主な役割は、サステナブル投
資に向けて資金の適正配分、ESG関連リスクヘッジ、カーボンマーケットの
透明性・価格発見機能・効率性の向上等です。

すなわち、企業は、デリバティブを活用することにより、資金をサステナ
ブル投資やネットゼロ排出量施策に、効果的かつコスト効率的に振り向ける
ことができます。

また、デリバティブは、物理的リスク、移行リスクといった排出量削減に
向けたプロジェクトが抱えるリスクを効率的にヘッジする手段となります。デ
リバティブは、間接的にカーボンプライスに関わりのある金融ポジションを
持つさまざまなビジネスにも活用されています。

そして、デリバティブマーケットは、原資産であるカーボンについての先
行きの情報を提供することにより透明性の向上に寄与し、それが長期的なサ
ステナビリティの目標達成に向けての諸施策の構築のシグナルになります。す
なわち、先物・先渡しマーケットの機能は、アローアンスの先行き価格を提
供し、これにより企業はCO_2排出量削減に向けた戦略的な投資計画を立てる
ことが可能となります。

　また、投資家は、カーボンデリバティブの価格が発するシグナルから自己のポートフォリオに潜在する気候変動リスクを認識して、リスク管理とポートフォリオの再構築を実施します。

　一方、規制当局にとっては、デリバティブ取引から発せられる価格情報から、規制プログラムの有効性を図ることができます。

コラム　物理的リスク、移行リスク

　気候変動の拡大により、企業活動にさまざまなリスクが生じます。こうしたリスクは物理的リスクと移行リスクに大別することができます。

①物理的リスク

　物理的リスクは、気候変動による経済活動等に与える物理的影響から生じるオペレーショナルリスクです。

　物理的リスクは、さらに急性リスクと慢性リスクに分類されます。

・急性リスク：台風や洪水の深刻化・増加等の突発的な気象事象の発生によるリスク

・慢性リスク：降雨・気象パターンの変化や海面上昇等、長期に亘るリスク

②移行リスク

　移行リスクは、低炭素化経済への移行から生じるファイナンシャルリスクです。

　移行リスクは、さらに法・規制に関わるリスク、テクノロジーの進歩に関わるリスク、市場リスク、評判リスクに分類されます。

・法・規制に関わるリスク：GHG 排出に関する炭素税導入、再生エネへの優遇措置等、政策、法規制の変化に関わるリスク

・テクノロジーの進歩に関わるリスク：再生エネ、バッテリー、炭素回収・貯留技術等、既存製品の低炭素技術への切り替え等に関わるリスク

・市場リスク：低炭素化経済への移行により特定の商品・サービスに対する

需要が変動するリスク

・評判リスク：低炭素化経済への移行に乗り遅れる等により顧客・社会の評
判が悪化するリスク

....

（2）カーボンデリバティブ活用の実践[22]

　一般に取引されているカーボンデリバティブのタイプは、先物、オプション、スワップです。先物とオプションは、取引所で取引され、清算機関で決済される標準化商品です。一方、スワップは、OTCデリバティブの一種です。OTCデリバティブでは、取引当事者は、自己のニーズにマッチした商品にカスタマイズした商品を取引することができます。

　先物取引では、取引当事者は先行きの一定の日（先物取引の満期）に先物取引時点で定めた価格によりアローアンスやオフセットを取引することを決めます（カーボンオフセットはコラム参照）。

　先物取引は、現物決済のことも差金決済のこともあります。

　アローアンス・オフセットオプションでは、コールオプションの買い手はアローアンス・オフセットをオプション取引時点で定めた価格により買う権利を持ち、プットオプションの買い手はアローアンス・オフセットをオプション取引時点で定めた価格により売る権利を持ちます。

　オプションの買い手は、売り手に対してプレミアムを支払います。

　カーボンマーケットの主な取引当事者は、規制対象となる企業や規制対象外企業、それにサービスプロバイダーです。規制対象となる企業や規制対象外の銀行、投資会社、エネルギー関連商社、ヘッジファンドは、アローアンス（含むオフセットクレジット）やアローアンスを原資産とするデリバティブを取引することができます。

❶ 規制対象企業

CO₂排出量規制下にある企業は、入札やスポットマーケットでアローアンスを入手するほか、流動性の厚いデリバティブを活用することができます。

これをEU-ETS（EU Emissions Trading Scheme、欧州排出権取引制度）でみると、電力会社は、規制市場で最も活発な取引を行う市場参加者です[23]。

電力会社は、先行きのカーボンプライスをヘッジするために、アローアンスを保有するか、その他デリバティブ商品を活用します。

また、電力会社のなかには自身の排出量を管理するほかに、排出量関連の取引を活発に行ったり他の参加者にコンサルタントサービスを提供する例もみられます。

航空会社や排出量の抑制が難しい企業は、アローアンス購入のためにマーケットに参加します。

もし、企業がアローアンスの価格変動に懸念を持つ場合には、デリバティブを活用して数年先まで価格変動リスクをヘッジすることが可能です。

このように、キャップ・アンド・トレードプログラムによるCO₂排出量規制下にある企業は、アローアンスやカーボン・オフセットを原資産とするデリバティブを活用して効率的に規制を遵守することができます。

❷ 規制非対象企業

規制を受けないブローカー等は、アローアンスを取引することを望んでいる規制対象企業の間の仲介役となることも、マーケットメーカーとして流動性を供給することもできます。

これをEU-ETSでみると、銀行は、電力会社やメーカーの相手方となって先渡しカーボン証書（carbon certificate、CO₂削減証書）を売却する等、コンプライアンス・マーケット（規制市場）の活性化に重要な役割を果たしています。

また、銀行は入札によるスポットの供給と電力会社等によるフォーワードの需要のミスマッチを軽減する役割も果たしています。

銀行はアローアンスを取得しますが、投機的な目的ではなく、これに見合った先物・先渡し、オプションをCO₂排出規制下にある企業に売却してカー

ボンプライス・リスクをヘッジします[24]。

　銀行が組成したデリバティブは、電力会社等が先行きの電力売却のヘッジのために活用されます。このように、電力会社等はアローアンスをスポットで購入すると資金を要することから、先行きのニーズにマッチさせる形でデリバティブの活用を選好します。

　機関投資家や保険会社、年金基金はポートフォリオの他のアセットクラスと負の相関性があるカーボンマーケットに投資することにより、ポートフォリオの分散化効果を狙います。

　投資家は、カーボンデリバティブが発する価格のシグナルから自己のポートフォリオが抱えている気候変動リスクを評価して、エネルギーの移行等からの利益機会を見出すことができます。

　また、アセットマネジャーはカーボンデリバティブを活用して脱炭素に積極的な企業に投資、逆に CO_2 を多量に排出する企業を除外する等、ポートフォリオの構成をリバランスすることが可能です。

....

コラム 🌲 カーボンオフセット

　カーボン・オフセットは、企業の経済活動等において排出する CO_2 について削減努力をしても困難な排出量について、クレジット購入等の投資をする形で資金を提供することによって GHG 削減・吸収に寄与して、その排出量を埋め合わせる（オフセットする）取り組みです。

　カーボン・オフセットは、排出量の算定、削減努力、オフセット（埋め合わせ）の 3 ステップで実施します[25]。

　日本におけるカーボン・オフセットは、企業や自治体、政府だけでなく、一般市民・消費者も商品の購入やイベントへの参加等を通じて自らの意思で積極的に参加することができ、社会全体で取り組むことが可能な地球温暖化対策となっています。

　環境省によるオフセット指針は、カーボン・オフセットの取り組みに対する信頼性を構築するうえで次の事項が重要であるとしています[26]。

①カーボン・オフセットの対象となる活動に伴う排出量を一定の精度で算定する必要があること。

②カーボン・オフセットが、自ら排出削減を行わないことの正当化に利用されるべきではないこと。

③カーボン・オフセットに用いられるクレジットを生み出すプロジェクトの排出削減・吸収の確実性・永続性の確保及び排出削減・吸収量が一定の精度で算定される必要があること。

④カーボン・オフセットに用いられるクレジットを創出するプロジェクトの二重登録、実現された削減・吸収量に対するクレジットの二重発行及び同一のクレジットが複数のカーボン・オフセットの取り組みに用いられることを回避する必要があること。

⑤カーボン・オフセットの取り組みについて適切な情報提供を行う必要があること。

⑥オフセット・プロバイダーの活動の透明性を確保する必要があること。

【図表4】カーボン・オフセットの5つの取り組み

取り組みの類型	カーボン・オフセットを行う主体	カーボン・オフセットの対象となる排出
オフセット製品・サービス	製品の製造者・販売者サービス提供者	製品・サービスのライフサイクルを通じて排出されるGHG排出量
会議・イベントのオフセット	会議・イベント主催者	会議・イベント開催に伴って排出されるGHG排出量
自己活動オフセット	企業	自社の事業活動に伴って排出されるGHG排出量
クレジット付製品・サービス	製品の製造・販売者サービス提供者会議・イベント主催者	製品・サービスの購入者やイベントの来場者の日常生活に伴って排出されるGHG排出量
寄付型オフセット	製品の製造・販売者サービス提供者会議・イベント主催者	※地球温暖化防止活動の貢献・資金提供のために実施するものであり、特定の排出量をオフセットするものではない。

(出所) 環境省「カーボン・オフセットガイドライン Ver.2.0」2021.3.19

　このように、カーボン・オフセットに用いられるクレジットについては、確実な排出削減・吸収があること等、一定の基準を満たしていることを確保する仕組みが必要となります。

　そこで、カーボン・オフセットに用いられる VER（Verified Emission Reduction）の認証制度として、国内排出削減・吸収プロジェクトにより実現された GHG 排出削減・吸収量をオフセット・クレジット（J-VER）として認証する制度が創設されました。そして、この J-VER 制度は、その後、国内クレジット制度と発展的に統合して、前述の J- クレジット制度となりました。

　オフセット指針ではカーボン・オフセットの主な取り組みとして、5 つの取り組みが紹介されています（図表 4）。

　なお、環境省では、カーボン・オフセットをさらに深化させた取り組みとして、自らの責任と定めることが一般に合理的と認められる範囲の GHG 排出量をすべて埋め合わせた状態をカーボン・ニュートラルと定義し、その取り組みを推奨しています。

　したがって、カーボン・ニュートラルには、カーボン・オフセットのようにクレジットを購入するという考え方はなく、企業や地方自治体、NPO 等の団体、個人等が GHG 排出量の削減とともに、植林、森林管理等による GHG 吸収の取り組みを行うことで、排出量と吸収量とを等しくする取り組みとなり、この取り組みが脱炭素に向けての進展に結び付くことになります。

(3) カーボンデリバティブの取引所取引

　いくつかのデリバティブ取引所が、アローアンスやオフセットを原資産とする先物、オプションを上場、取引しています。

❶ 取引所上場のカーボンデリバティブとカーボンデリバティブ指数

　米国では、CCA と RGGI を、また、欧州では、EUA を原資産とする先物、オプションが活発に取引されています。

　こうした上場商品は、標準化により厚い流動性と価格の透明性でカーボンマーケットの発展に寄与しています。

例えば、EUA先物はいくつかの取引所に上場されていますが、取引単位は1,000EUA、原資産の通貨はユーロ、呼び値の最小単位は1t€0.01等と標準化されています。

投資家は、こうした先物、オプションのほかにIHSマーケットグローバルカーボン指数（IHS Market global carbon index）を使って投資やヘッジをすることができます。

これは、世界のカーボンクレジットマーケットの中で最も流動性の厚いセグメントのパフォーマンスを反映する指数です。

すなわち、この指数はEUA、CCA、RGGI等、先物で取引量の多いカーボン・クレジット先物をトラックした幅広いアローアンスをカバーしています。

KraneShares Global Carbon ETFは、世界的に取引量の多いカーボン先物をトラックしていますが、このETFはベンチマークとしてIHSマーケットグローバルカーボン指数を使っています。

なお、日本では東京証券取引所が主催したカーボン・クレジット市場オンライン説明会の際に、「将来は欧州（EU-ETS）のように、クレジットの先物取引を考えているか」との質問が出ました。これに対して、東証は「現時点では未定。排出量取引には最終的にはヘッジ手段等の観点から先物取引が必要になると想定しているので、GX-ETSに関する今後の政府の政策動向等や金融関係の規制整備の動向も踏まえつつ、検討する」と応答しています[27]。

コラム 🌲 GX-ETSとGXリーグ

GX-ETS は、経済産業省が創設した GX（green transformation）リーグにおける自主的な排出量取引（Emission Trading Scheme）です。

GX リーグは、2050 年カーボンニュートラル実現を目指す企業と官・学が協働する場です[28]。

・GX リーグでの取り組み

① 2050 年カーボンニュートラルのサステナブルな未来像を議論・創造

②カーボンニュートラル時代の市場創造やルールメイキングを議論

③カーボンニュートラルに向けて掲げた目標に向けて自主的な排出量取引を
　行う

・**GX リーグ参画企業に求められる取り組み**

①自らの排出削減（目標設定、挑戦、公表）

②サプライチェーンでの排出削減

③グリーン市場の創造

　GX-ETS は、GX をリードする企業の自主的な排出量取引の実践を重んじて
いる点が特徴で、参画企業が自ら排出量削減の目標を掲げて GX 投資と GHG
削減、それに社会に対するディスクロージャーを実践する場と位置付けられ
ています。

---

❷ ICE のカーボンデリバティブ

　ICE は、世界の取引所取引におけるカーボン取引の 9 割を超える取引高を
占めています。

　ICE は、次の原資産の先物とオプションを上場、取引しています。

・EUAs

・UK allowances

・California carbon allowances（CCAs）

・California carbon offsets and Regional Greenhouse Gas Initiative（RGGI）
　allowances

　ICE グローバルカーボン先物指数（The ICE global carbon futures index）
は、ICE EUA 先物、ICE California Carbon Allowance 先物、ICE Regional
Greenhouse Gas Initiative 先物、ICE UKA（UK Allowance）先物のパフォー
マンスのバスケットを指数化したものです。

　この指数は、カーボンプライシングの指標等として ETF やインデックスフ
ァンドに活用されています。

【図表5】排出権先物、オプション取引所リスト

1. 排出権先物

名称	取引所	取引単位	最小価格変動単位	限月	決済
RGGI C02 allowance futures	CME	1,000RGGI allowance (1allowance = $CO_2$1tの排出権)	0.01allowance = ＄10.00	18連続月、4回の12月限	決済
CCA allowance futures	CME	1,000CCA	同上	2024.12限までの連続月	現物決済
CME California Low Carbon Fuel Standard (PRIMA) futures	CME	100Environment Credits	1Environmental Credit = $0.25	24連続月	同上
CBL Core Global Emissions Offset (C-GEO) Futures	CME	1,000environmental offsets	0.01perEnvironmental offset = $10.00	36連続月	現金決済
CBL Nature-Based Global Emissions Offset (N-GEO) futures	CME	1,000environmental offsets	0.01perEnvironmental offset = $10.00	60連続月	現金決済
EUAfutures	EEX	1EUA = $CO_2$1tの排出権)	1EUA = €0.01	2連続月、11四半期末月、8年年末月	同上
EUAfutures	ICE	1,000EUA (1EUA = 1allowance = $CO_2$1tの排出権)	1t = €0.01 (1,000EUA = €10.00)	2連続月、9四半期末月、7年年末月	同上

118

名称	取引所	取引対象・単位		限月	
UKAllowance (UKA) Futures	ICE	1,000UKA (1UKA = 1allowance = CO$_2$1tの排出権	1t = £0.01 (1,000UKA = £10.00)	3連続月、3年間の12、3月限	同上
CCAFuture	ICE	1,000CCA	1allowance = $0.01	10年間の連続月	同上
California Carbon Offset (CCO) futures	ICE	1,000CCO	1offset = $0.01	同上	同上
RGGI futures	ICE	1,000RGGI CO$_2$ Allowances	1RGGI CO$_2$ = $0.01	12連続月、5年間の12月限	同上
Global Carbon Futures Index	ICE	Global Carbon Futures Index × $50	0.20Index points = $10	1年間の四半期末月限	現金決済
EUA futures	Nasdaq Commodities	1EUA = CO$_2$1tの排出権	1EUA = €0.01	6年間の四半期末月限	同上

2. 排出権オプション

名称	取引所	取引対象・単位	権利行使スタイル	限月
RGGI CO$_2$ allowance options	CME	CO$_2$allowance、1,000allowances	ヨーロピアン	18連続月、4年12月限
EUA Futures Options	ICE	EUA Futures Options、1,000EUAs	同上	6四半期末月限、7年12月限
EEX EUA Futures Options	EEX	EUA Futures Options、1,000EUAs	同上	EUA Month Option：3連続月 EUA Quarter Option：12四半期末月限 EUA Dec Option：9年12月限

(出所) 各取引所資料を基に筆者作成

(4) カーボンデリバティブのOTC取引[29]

OTCカーボンデリバティブは、取引当事者のニーズにマッチした期間や名目元本にカスタマイズすることが可能です。例えば、プロジェクトのファイナンスやエネルギー技術の発達が不透明で排出抑制やタイムホライゾンの見通しがつかないような時には、OTCデリバティブにより弾力的、長期のリスクヘッジを行うことができます。

また、OTCカーボンデリバティブは、ロットのサイズが不揃いとか小さなロットのプロジェクトでもヘッジに活用することが可能です。したがって、中小規模の排出量の企業はビジネスニーズに適合するヘッジをすることができます。

このように、OTCカーボンデリバティブは、ボランタリーカーボンマーケットの取引活発化を促進する強力なツールとなります。

カーボンオフセットプロジェクトは、複雑で期間も長く、数量も変動することから、OTCデリバティブで効果的にヘッジすることができます。

例えば、先渡しではオフセットを提供する取引当事者は、買い手に予め定めた価格で予め定めた日にオフセットを売り渡します。この場合、オフセットの売り手は先行きプロジェクトが生み出す排出量削減を取得する予定があるか、または現在すでにそれを保有しているか、いずれかになります。

オフセットを原資産とするOTCデリバティブは、先行きのキャッシュフローの予測を行うことにより、GHG抑制プロジェクトのファイナンスをスムーズに行うことができるという機能を発揮します。

第 6 章

再生エネデリバティブ

① 再生エネ・低炭素燃料デリバティブ[1]

　再生エネ・低炭素燃料デリバティブは、再生エネ生産等に関わるリスクをヘッジしながらサステナブルプロジェクトに円滑に資金が投入される動きを推進することにより、サステナブルエコノミーへの移行をサポートする機能を担っています。

　再生エネの主要なソースのタイプは、太陽光、風力、バイオマス等があります。

　また、低炭素燃料（low carbon fuel）には、再生資源から生産されるバイオ燃料や水素燃料等があります。バイオ燃料の代表例は、バイオマスから生産されるエタノールやバイオディーゼルです。また、水素は、天然ガスやバイオマス、太陽光・風力等、さまざまな資源から生産されます。

　再生エネ・低炭素燃料を取引するさまざまなデリバティブが開発されています。そうしたデリバティブには次のような商品があります。

・電力購入計画先物（power purchase agreement futures）；PPA先物
・グリーン電力証書先物（renewable energy certificate futures）；REC先物
・風力指数先物（wind index futures）
・再生エネ燃料先物、RFS、RIN再生可能識別番号先物（renewable identification number futures）；RIN先物
・低炭素燃料基準先物（low carbon fuel standard futures）；LCFS先物

再生エネインフラとプット・コールオプション

　再生エネインフラの構築に必要となる多額の資金をファイナンスするためには、先行き再生エネインフラが生むキャッシュフローを安定させる適切なリスクマネジメントが求められます。

　こうしたリスクヘッジに、伝統的なオプションを活用する典型例をみると次のとおりです[2]。

①プットオプション

　再生エネインフラの事業者は、プットオプションを買うことにより先行きの電力価格の下落をヘッジすることができます。

　例えば、再生エネインフラの事業者は、権利行使価格を先行き予想する電力価格に設定したプットオプションの買いにより、先行きの電力価格が権利行使価格を下回った場合には、その差を掌中にすることができ、再生エネインフラからの収入の予想比落ち込みによる減収をヘッジすることができます。

②コールオプション

　再生エネインフラの事業者は、コールオプションを買うことにより先行き再生エネインフラが生む電力量の予想比下振れをヘッジすることができます。

　例えば、再生エネインフラの事業者は、権利行使価格を先行き予想する電力の生産量に設定したコールオプションの買いにより、先行きの再生エネインフラからの電力生産量が権利行使価格を下回った場合には、その差を掌中にすることができ、再生エネインフラからの電力の生産量の予想比落ち込みをヘッジすることができます。

② 電力購入計画（PPA）先物[3]

(1) PPAのコンセプト

PPA（power purchase agreement、電力購入計画）は、このところ欧米で増加が著しい再生エネ取引の1形態です。

PPAは、再生エネの売り手となる発電事業者と再生エネ購入者の企業や自治体等の法人との間で予め定めた価格で電力やREC（renewable energy certificate、グリーン電力証書）を売買する契約です。

PPAの対象となる電力は、主として太陽光発電と風力発電です。

売買契約は、通常10〜25年の長期契約となり、したがって、長期に亘る固定価格での売買契約となります[4]。

従来のPPAは買い手が大手電力会社となることが大半ですが、米国を中心に活発に取引されているPPAは買い手が事業会社となることからコーポレートPPAとも呼ばれます。

米国におけるPPAは買い手の具体例としては、Verizon、General Motors、Facebook、Amazon、Google等があります。

(2) PPAのメリット

PPAは、買い手がSDGsの観点から再エネ電力の調達を増やす目的や、電力価格の変動リスクを削減する目的で活用されます。

また、再生エネの開発者は、PPAによって買い手から再生エネを長期に亘る固定価格で買い取る保証を得ること等により金融機関からのファイナンスが受けやすくなり、また、電力の市場価格変動リスクをヘッジしたうえで新たな再生エネプロジェクトを手掛けることができます。

PPA自体は、買い手となる企業に対して、直接、GHGの排出削減を求めるものではありませんが、こうした仕組みを活用することにより、クリーンエネルギーへのシフトの推進が期待されます。

(3) PPAの種類

❶ オンサイトPPAとオフサイトPPA

　オンサイトPPAは、発電事業者が需要家の敷地内に発電事業者の費用により発電設備を設置して電気を提供するPPAです。第三者所有モデルということもあります。

　一方、オフサイトPPAは、再エネ電源の所有者である発電事業者（ディベロッパー、投資家等含む）と電力の購入者（需要家等）が、事前に合意した価格及び期間における再エネ電力の売買契約を締結し、需要地ではないオフサイトに導入された再エネ電源で発電された再エネ電力を、小売電気事業者を介して当該電力の購入者へ供給する契約方式です[5]。

　オフサイトPPAは、発電事業者が発電所の所有者である点はオンサイトPPAと同じですが、発電設備が電力の需要地から離れた発電事業者の敷地等にある点と、送電時に一般の電力系統を経由する点がオンサイトPPAと異なります。

【図表1】オンサイトPPAとオフサイトPPA

NTTアノードエナジーがお客様敷地内(屋根/遊休地等)に太陽光発電設備を構築し、そこで発電するグリーン電力を、お客様施設内で自家消費して頂くサービス

NTTアノードエナジーが構築する太陽光発電設備を長期固定契約し、発電するグリーン電力を送配電網を介して供給するサービス

	供給方法	
直接的	供給方法	間接的
設置場所に制限(敷地内)	設置場所	場所の制限なし(遠隔地)
中規模～小規模	規模	大規模～中規模
移設工事等が必要	需要家変更	柔軟に対応

（注）NTTアノードエナジーは、再生エネ発電所の開発等をビジネスとするNTT傘下の企業

（出所）NTTアノードエナジー

コラム 🌲 日本における PPA の導入例

①オンサイト PPA

　中部電力と Looop は、イオンモールの施設に対してオンサイト PPA を提供しています[6]。

　このサービスは、中部電力と Looop が、イオンモールの大阪、長野、三重にある3施設の屋根上に太陽光発電設備を設置・運営するもので、イオンモールは各施設において初期負担なしで太陽光発電による CO_2 フリー電気の使用が可能となっています。

　なお、CO_2 フリー電気は、発電の際に CO_2 を排出しない電力で、再生エネや水力発電等があります。

②オフサイト PPA[7]

　セブン＆アイグループは、セブン‐イレブンの屋根に太陽光パネルを設置し、店舗電力として活用しているほか、大規模太陽光発電を導入する等、さまざまな取り組みを行ってきましたが、商業施設や店舗で使用する電力の100％を、これらの発電設備で賄うことは難しい状況にありました。

　そこで NTT アノードエナジーは、オフサイト PPA により2つの太陽光発電所を建設してセブン‐イレブン40店舗等にグリーン電力を供給しています。これは、国内最初のオフサイト PPA の導入例となります。

　このオフサイト PPA は20年間の長期契約で、これにより NTT アノードエナジーは大規模な設備投資に踏み切ることができ、セブン＆アイグループは長期間、安定的にグリーン電力を調達できるようになりました。

---

❷ フィジカルPPAとバーチャルPPA

オフサイトPPAは、物理的な電力の取り扱いに応じて、フィジカルPPAとバーチャルPPAに分けられます。

i　フィジカルPPA

フィジカルPPAは、発電事業者が需要家に対して電力と環境価値をセットで供給するPPAです。ここで環境価値とは、再エネ電力がCO_2を排出せず環境に負荷を与えないという価値を指します。

すなわち、[再エネ電力＝電力＋環境価値] というように再エネ電力を分解したコンセプトとなります。

フィジカルPPAの手順は次のとおりです[8]。

a. 発電事業者と電力の購入者間で再エネ電力の売買に関する契約を締結する。

b. 電力の購入者は、再エネ電力の託送供給に関する契約を電力会社（送配電事業者等）と締結する。

c. 発電事業者は発電した電力と環境価値をセットで供給。供給実績に応じて電力の購入者は購入代金を発電事業者へ支払う。

フィジカルPPAでは、契約期間中は市場価格の変動に関わらず、固定のPPA契約価格で取引が継続されることになります。したがって、発電事業者は再エネ電力の販売に係る収入の固定化が、また、電力の購入者は再エネ電力の購入に係る支出の固定化ができます。

ii　バーチャルPPA

a. バーチャルPPAのコンセプト

バーチャルPPAは、再エネ電力を供給するのではなく再エネ電力に含まれる環境価値のみを供給するPPAです。そして、バーチャルPPAの契約上、再生エネ発電事業者は環境価値を再生エネ証明書（REC；renewable energy certificate）の形にして発行、買い手となる需要者に渡します。再生エネ証明書の代表例には、非化石証書があります（非化石証書については5章コラム参照）。

　そして、環境価値を切り離した再生エネ電力は市場価格で電力会社等に供給され、一方、電力の需要者はバーチャルPPAとは関係なく市場から電力を購入することになります。

　すなわち、バーチャルPPAは、発電事業者が需要家に対して電力から環境価値（再エネ電力証書）を切り離して環境価値のみを供給するPPAで、米国で取引が拡大している制度です。これには、米国では需要地と発電所が州を超えて遠隔になる関係から、制度上、フィジカルPPAが難しいケースがあるといった背景も影響しています[9]。

　このように、再エネ電力の売買契約であるフィジカルPPAとは異なり、バーチャルPPAは、物理的な電力のやり取りがなく、電力市場における価格変動をヘッジすることを目的に、再生エネ発電事業者（売り手）と電力の需要者である企業等（買い手）との間で行われる取引です。

　フィジカルPPAでは、敷地の確保費用、発電所や設備の設置費用、維持費等のコストがかかりますが、バーチャルPPAの場合、それらの費用が不要となるため、環境価値のみを購入することを望む企業には大きなコスト削減につながる効果があります[10]。

　バーチャルPPAは、発電事業者は電力ではなく需要者に環境価値を形にした再エネ電力証書を売却する金銭取引となるため、バーチャルPPAをファイナンシャルPPAとも呼んでいます[11]。

　バーチャルPPAは、基本的には長期契約となり、予め再エネ発電事業者と需要家が合意した固定価格と市場価格との差額を、再エネ発電事業者と需要家の間で精算する仕組みとなっています。

　具体的には、再エネ発電事業者と需要家の間で、事前に環境価値を加味したストライクプライスと呼ばれる固定価格を設定しておいて、ストライクプライスと電力卸市場における市場価格（スポット価格）との間の差額を受け渡しする差金決済の形をとります。

　差金決済の仕組みは、市場価格がストライクプライスを下回れば、その差額を需要家が再エネ発電事業者に支払い、逆に市場価格がストライクプライスを上回れば、その差額を再エネ発電事業者が需要家に支払うことになります（下記のb.　バーチャルPPAの実践で詳述）。

　これにより、再エネ発電事業者は、ストライクプライスという固定価格での売電が保証されるとともに、需要家は、ストライクプライスを保証することで、継続的に環境価値を手に入れてCO_2を削減することができます[12]。

　このように、バーチャルPPAは、買い手に先行きの電力のコストを確定するヘッジ効果があるとともに、再生エネ発電事業者がプロジェクトを推進するにあたって極めて重要な要素である長期に亘って収入が確定できるというベネフィットを提供します。

　また、バーチャルPPAでは、需要者の企業がステークホルダーに対して自社の環境問題への取り組みを具体的な形で伝えることができ、企業のブランドイメージの向上に寄与することが期待できます。

【図表2】フィジカルPPAとバーチャルPPAの対比

	フィジカルPPA	バーチャルPPA
電力の取扱い	電力系統を介して購入者へ供給	購入者へ供給せず（市場や他の事業者へ売電）
環境価値の取り扱い	電力と環境価値をセットで購入者へ移転	電力と環境価値を切り離して環境価値のみ購入者へ移転
取引価格	固定価格	契約価格（ストライクプライス）と市場価格に基づく差金決済
契約期間	5年から20年程度	同左

（出所）環境省・みずほリサーチ＆テクノロジーズ
「オフサイトコーポレートPPAについて」2022.3を基に筆者作成

b. バーチャルPPAの実践

　バーチャルPPAの手順は次のとおりです[13]。

（a）発電事業者と電力の購入者間で、再エネ電力の価格及び再エネ電力の売買に関する契約を締結する。

（b）発電事業者は、発電した電力を市場または電力会社へ市場価格で供給し、売電収入を獲得する。

（c）発電事業者と電力の購入者は、契約価格（ストライクプライス）と（b）の市場価格等の差金を精算し、再エネ電力証書を電力の購入者へ移転する。

（d）電力の購入者は、市場または電力会社から通常通りに電力を購入する。

　バーチャルPPAでは、再エネ証書価格を反映した約定価格であるPPA契約価格（ストライクプライス）と市場価格の差金を相互に補填して、契約期間を通じて価格変動リスクをシェアする結果、電力の販売・購入の期待値はPPA契約価格（ストライクプライス）になります。

　このように、バーチャルPPAは、電力価格を固定するのと同じ効果を生むことから、電力価格を固定するニーズを持つ電力の購入者にとってヘッジ効果という大きなベネフィットがあります。

　すなわち、

　市場価格＞PPA契約価格（ストライクプライス）：再エネ発電事業者は差額を支払、購入者は差額を受領

　市場価格＜PPA契約価格（ストライクプライス）：再エネ発電事業者は差額を受領、購入者は差額を支払

　といった差金決済の形をとります。

　そして、ストライクプライスと市場価格の差が売り手と買い手の間で取り交わされます。これにより、売り手は市場に電力を売っても常にストライクプライスでの収入を得ることができます。

　こうしたことから、バーチャルPPAは、差金決済取引（contract for differences）とか固定・変動価格スワップとも呼ばれます。

　ここで、バーチャルPPAを具体例でみると次のとおりです[14]。

　いま、売り手と買い手がストライクプライスを10セント/kWhでバーチャルPPAを締結したとします。これにより、

・電力の市場価格が10セント/kWhをオーバーすればストライクプライスとの差を発電事業者が電力の買い手に支払う、

・電力の市場価格が10セント/kWhを下回ればストライクプライスとの差を電力の買い手が発電事業者に支払う必要があります。

　この決済は、通常、月ごとに行います。

　以下では、まずバーチャルPPAが活発に取引されている米国の例を中心に

みて、次に日本にこれがどのように活用されるかをみることにします。

c. 米国におけるバーチャルPPAの具体例[15]

CASE STUDY
👍 Facebook

Facebookは、2020年にシンガポールのSunseapグループから2022年に完成する屋上ソーラー発電プロジェクトから100MWのソーラー発電を購入するバーチャルPPAを締結しました[16]。

このバーチャルPPAでは、Facebookがシンガポールの1,200の公営住宅と49の政府用ビルの屋上に設置されたソーラーパネルから発電される電力に関わるRECを取得することになっています。

これにより、Facebookはシンガポールのデータセンターの稼働を100%再生エネで賄うことにしています。

👍 McDonaldプロジェクト

McDonaldは、2020年にイリノイ等にある2つの風力発電プロジェクトと1つのソーラー発電プロジェクトから再生エネを購入するバーチャルPPAを締結しました[17]。

McDonaldでは、すでに2019年にテキサスにある風力発電とソーラー発電のバーチャルPPAを締結しており、McDonaldは5つの再生エネプロジェクトから1,130MWを購入することになります。これでMcDonaldは8千店舗の電力を賄うことができます。なお、ソーラーパネルはニューヨークのセントラルパークの7倍もの面積になります。

McDonaldは、これにより年間2.5百万トンのGHG削減効果があり、これは4千万本の木を植樹する、または50万台のガソリン自動車の排出削減に等しい、としています。

d．日本におけるバーチャルPPA

　日本では、電気の現物を取引しないで電気をベースとする差金決済を行うことは、商品先物取引法上、店頭商品デリバティブ取引に該当して、これを業として行うことは原則として商品先物取引業に該当すると考えられます[18]。

　商品先物取引業を行うには、主務大臣（経済産業大臣）の許可が必要となりますが、商品先物取引業の許可の取得は、銀行や証券会社等、専門の金融業者が多く、実際のところ、再エネ発電事業者や他業種の需要家企業が許可を取得することは困難とみられます[19]。

　そして、このことが日本におけるバーチャルPPA取引の組成の障害となるという状況にありました。

　こうした背景の下、内閣府に設置された「再生可能エネルギー等に関する規制等の総点検タスクフォース」において、「バーチャルPPA取引の商品先物取引法上の許可・届出対象からの除外」が提案されました[20]。

　この提案の概要は、

・バーチャルPPA目的での差金決済取引については、商品先物取引法施行令、または、商品先物取引法施行規則上の除外事由として整理し、商品先物取引法上の許可や届出の対象から除外いただきたい。

・なお、除外の範囲を画するため必要があれば、バーチャルPPAの取引形態を踏まえて、

(a)当事者を明示的に法人に限定する、

(b)受け渡される再エネ証書に表章される電力量の範囲に限定して行われるものに明示的に限る、

(c)（たとえスポット市場価格に将来的にネガティブ・プライスが導入されたとしても）参照される市場価格について0円をフロアとする、

(d)再エネ発電事業者に一定の説明義務を課す、

といった除外のための要件を設けることが考えられる、

という内容です。

　これに対する経済産業省による検討結果は、次のとおりです[21]。

・商品市場、外国商品市場及び取引所金融商品市場によらないで行われ、商

品先物取引法上の電力の現物を取引しないで電力の価格をベースとする差金決済を行うことは、商品先物取引法上、「店頭商品デリバティブ取引」に該当します（商品先物取引法2条14項、同条15項、同条22項、190条1項、349条1項）。

・バーチャルPPAが店頭商品デリバティブ取引に該当するかの判断については、個別の契約毎にその内容を確認する必要がありますが、一般論として、差金決済について、当該契約上、少なくとも以下の項目が確認でき、全体として再エネ証書等の売買と判断することが可能であれば、商品先物取引法の適用はないと考えております。

(a)取引の対象となる環境価値が実態のあるものである（自称エコポイント等ではない）。

(b)発電事業者から需要家への環境価値の権利移転が確認できる。

　以上のように、バーチャルPPAについて現行制度の下で対応することが可能である、との考えが示され、今後、日本においてもバーチャルPPA取引が健全な発展プロセスを辿ることが期待されます。

【図表3】フィジカルPPAとバーチャルPPAのスキーム

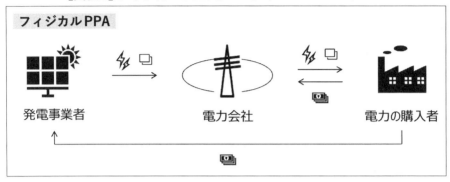

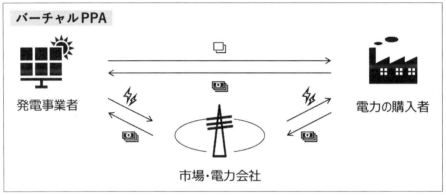

(出所)環境省・みずほリサーチ＆テクノロジーズ
「オフサイトコーポレートPPAについて」2022.3

CASE STUDY
👉 村田製作所

　村田製作所は、グループ全体として2050年度の再エネ導入比率100％化の目標を掲げていますが、その一環として2022年6月、三菱商事からバーチャルPPAスキームにより、2025年度までに7万kWの再エネ由来の電力を調達することで合意しました[22]。

　三菱商事から村田製作所へ供給する再エネ由来の電力は、再エネ発電事業者と需要家の間で非FIT非化石証書を直接取引するバーチャルPPAの手法を活用します。

東急建設

　東急建設とクリーンエナジーコネクトは、2022年12月に国内初となる建設現場を対象としたバーチャルPPAサービス契約を締結しました[23]。

　これにより、クリーンエナジーコネクトから東急建設の建設現場における使用電力に対して再生エネの環境価値が長期で提供されます。

　具体的には、クリーンエナジーコネクトが東急建設専用の非FITソーラー発電所を開発、発電した電力を卸電力取引市場へ売却、電力の環境価値についてクリーンエナジーコネクトから東急建設へ長期（20年間）に亘って提供するバーチャルPPAサービスのスキームを活用します。

③ グリーン電力証書先物：REC先物

(1) 再エネ証書

　前述のとおり、再エネは、電力価値と再エネとしての環境価値（再エネ価値）から構成されます。

　そして、欧米では再エネ推進を目的に再エネから環境価値を切り離して取引するツールとしてRECやGOが活用されています[24]。

・REC（Renewable Energy Certificate）

　米国におけるRPS（Renewable Portfolio Standard、電力会社等が電力の一定割合に再生エネを導入する義務）制度下で発行される再生エネ証書。

・GO（Guarantee of Origin）

　消費者が発電方法等、電力に関する情報を把握できるEU加盟国構築の原産地証明システム下で発行される再生エネ証書。

　再エネによる発電の電力価値の方は、通常の電力と同様に電力卸売市場に売却する一方、再エネ価値は、証書化して販売することになります。

　このように、再エネ価値は再エネ価値証書として表章されますが、それが重複して発行されることのないよう、いつ、どこで、どれだけ発電されたか発電履歴を辿るトラッキングシステムにより厳重管理されています。

　こうした管理は、再エネであること、再エネ価値の所有者・再エネ発電の時刻・発電量・場所の確認、二重取引防止のための発電属性の相互チェック

等により行われます。

　再エネ証書はその属性の証明が最も重要であり、RECがThe International Attribute Tracking Standard（国際属性トラッキング規格）とされるように、再エネ証書は、再エネの属性証明証書と認識されています[25]。

　米国では、複数の認証機関が、担当地域を決めてRECの二重使用がされないように、認証機関同士で相互チェックする体制が敷かれています。

　また、欧州でもEU指令によりGO（Guarantees of Origin）の体制が確立され、さらに欧米以外の国際的システムとしてI-REC（International REC）が構築されています

　日本では、環境価値を証書化したものとして次の2つがあります[26]。

・非化石証書

　エネルギー供給構造高度化法に基づき、国内の非化石電力（FIT再エネ指定・非FIT再エネ指定・非FIT指定なし）の環境価値を証書化したもの

・グリーン電力証書

　国内の再生エネの環境価値を民間の認証機関によって認証・証書化したもの（国による証書の認証も存在）

(2) REC

❶ RECのコンセプト

　REC（Renewable Energy Certificate）は、環境や社会等に負荷をかけない再生エネ発電であることの証明書で、マーケットで取引されます。

　RECは、再生エネファシリティから発電、配電された1MWhの電力に対して発行されます[27]。

　RECには、再生エネのタイプや再生エネプロジェクトの名称、場所、建設年、発電能力等、さまざまな情報が記載されています。

　消費者に配電される電力は、それ自体どこでどのように発電されたかが分からないことから、RECは再生エネの発電と使用について証明するという重要な役割を担っています。

　RECは、電力の消費者が石炭や天然ガス等から発電された電力を消費した場合、それに等しい電力量のRECを購入することにより消費電力をグリーン

とする目的で使用されます。

すなわち、RECは電力消費者が再生エネの使用を証明する手段です。

RECは、現物でも先物でもマーケットで取引されています。

❷ RECの法的根拠

米国におけるRECは、単一の機関ではなく、さまざまなレベルの政府関係機関、州の法規制、地方の電力関連当局、米国の判例法、NGO、経済団体等により再生エネの使用を主張する法的権利があることが認められています[28]。

すなわち、RECは米国の電力のマーケットを構成する1つとして、再生エネ電力マーケットにおいて再生エネ電力の購入、配電、使用を証明する機能を持っています。

❸ RECとオフセットの違い[29]

RECもオフセットもGHGの排出を抑制するという環境改善の機能を持っています。しかし、両者には図表4のような基本的な違いがあります。

【図表4】オフセットとRECの基本的相違点

基本的相違点	オフセット	REC
測定単位	CO_2のトン	電力のMWh
排出量抑制の手段	GHG排出抑制のプロジェクト	再生エネ電力の発電
目的	GHG排出抑制に対する注力を示す	再生エネ電力の使用を示す
企業のGHG関連報告	scope1、2、3のいずれかの排出をオフセットしてネットで抑制	マーケットベースのscope2排出をグロスで抑制
消費者の環境面の主張	自己以外の組織によるGHG排出抑制	GHGゼロ排出・低排出の再生エネ電力の使用

（出所）EPA "Offsets and RECs：What's the Difference?" 2018.2を基に筆者作成

❹ REC裁定

i　REC裁定のコンセプト

REC裁定は、ある再生エネ電力プロジェクトからのRECを売却して、それより安いRECを別の再生エネ電力プロジェクトから購入する裁定取引です[30]。このように、REC裁定は異なる価格のRECが存在することを前提とします。

米国においては、すべてのRECが1メガワットの再生エネ電力を表わしますが、各々のRECは、どこで、いつ、どのような再生エネの設備で生産されたRECであるかにより異なる特性を具備しています。

そして、各々のRECが持つ特性により、各々のRECのマーケットにおける需給は均等ではなくなり、自ずから価格も異なることとなります。

例えば、電力消費者がバイオガスRECよりも風力RECを選好した場合には風力RECの価格はバイオガスRECよりも高くなります。

REC裁定は、RECスワップとも呼ばれ、電力消費者が2つの目的を同時に達成するために活用される戦略です[31]。

a. 再生エネの使用コストを削減する。

b. 再生エネの使用を実証し、カーボンフットプリントの削減を主張する。

REC裁定戦略は、自己資金で再生エネプロジェクトを立ち上げた電力消費者や、PPA等で直接に再生エネプロジェクトから電力を購入する消費者により活用されています。

ii　REC裁定とRPS政策

RPS（Renewables Portfolio Standard）は、一定の割合で再生エネの導入を義務づける制度で、日本では、電気事業者による新エネルギー等の利用に関する特別措置法が制定されています。

米国の多くの州で導入されているRPS政策は、RECに対する需要の主なドライバーとなっており、RECの価格にインパクトを与えています。

米国各州のRPS政策は、電力会社が毎年RECを生み出すか購入して再生エネの供給増加を明らかにすることを求めています。

RPS政策は、プロジェクトのタイプや地理的な位置等から、どのRECがこうした要請を満たしてコンプライアンスに使用できるRECか、を定めています。

こうした米国各州のRPS政策は、規制市場においてRECの間の価格差を生んでいます。

RPS政策によっては、再生エネが特定のソースから生まれることに限定しているケースもあり、これがコンプライアンス上、有効なRECとそうでないRECの価格差をさらに拡大しています。そうしたケースとしてよくあるのが、RECは州内または地域内のソーラー発電施設から発電、または購入したRECであることが必要とする州の規則である「ソーラー・カーブアウト（solar carveout）政策」です[32]。このソーラー・カーブアウトはソーラーREC（SREC）の価格を押し上げて、さまざまなタイプのREC間に大きな価格差をもたらしています。

こうしたREC間の価格差は、規制市場（compliance market）だけではなく任意市場（voluntary market）でも生じています。

そして価格差が大きくなれば、消費者がREC裁定を行う機会が増加します。

RPS政策による強い需要から高い価格を付けているREC再生エネ電力プロジェクトのオーナーは、自分のプロジェクトのRECを売るとともに安い価格のRECを購入してコンプライアンスに応えるインセンティブを持ちます。

この結果、REC裁定はRPS政策が導入されている州にあるプロジェクトで最も頻繁に行われることになります。

プロジェクトのディベロッパーはプロジェクトRECを使って収入を得ることができ、また、それは消費者の電力コスト低下につながることが期待できます。

REC裁定を行う消費者は、自己の再生エネプロジェクトに関わるRECではなく代替REC（replacement REC）の再生エネ電力を使用していることを明らかにする必要があります。例えば、消費者が自己のソーラー発電からのRECを風力RECに代替した場合には、消費者が使用している再生エネは風力による電力であることを主張することになります。このように、消費者は代替RECの購入により、消費電力が代替RECの要素を反映する再生エネであることを主張することができます。

REC裁定は、マーケットで高い価格を付けているRECを生む再生エネシステムを自己で導入することに関心のある電力消費者や、PPA等を通じて直接

再生エネプロジェクトから電力を購入する消費者にとっては、魅力ある取引になります。

　こうした電力消費者は、

・再生エネプロジェクトや電力購入で、投資リターンの向上や電力コスト削減のために REC を売却するケースや

・電力消費者が再生エネの使用やカーボンフットプリント削減を主張したいケース

等に活用することになります。

ⅲ　REC 裁定取引の構築

　REC 裁定取引を構築、実行する方法にはいくつかのバリュエーションがあります[33]。

　まず、REC 裁定は、PPA 等において電力消費者と再生エネディベロッパーとの間で契約されるケースがあります。

　例えば、電力消費者が PPA においてあるプロジェクトの REC ではなく代替 REC を得ることを交渉して、PPA に関わる当事者がプロジェクト REC を売却することが消費者への電力供給コストを引き下げると判断すれば、REC 裁定は成立します。

　こうして得られる代替 REC は、当事者間の交渉次第で同じディベロッパーが手掛ける別のプロジェクトからのものとか、EPA のグリーンパワー（再生エネ）の定義に当てはまるもの等の追加的な条件を付されることがあります。

　プロジェクトディベロッパーは、プロジェクト REC を売却して消費者に代替 REC を渡すことにより、電力消費者への再生エネ電力供給のコストを削減することができます。

　また、消費者が自前の再生エネ発電ファシリティを持っており、そこから生まれるプロジェクト REC を売却するとか、PPA の契約上、プロジェクトディベロッパーがプロジェクト REC を持つことにする、といったケースがあります。

　このようなケースでは、消費者は、自前の再生エネプロジェクト用に REC 取引業者等から代替 REC を購入するといった別個の取引を行うことになり

ます。

iv　プロジェクトRECと代替RECの交換比率

　REC裁定は、電力量で1：1の比率、すなわち1プロジェクトREC（1MWh）：1代替REC（1MWh）で行われることが少なくありません。

　しかし、消費者はそのニーズ、目的次第で異なる交換比率でREC裁定を構築することもできます[34]。

　例えば、自己のソーラー発電ファシリティで、消費電力の10％に相当する年1万kWhを発電している消費者がいるとします。

　この消費者は、自己の発電ファシリティに関わる10RECを1REC$50で州のRPSマーケットに売却して$500の収入を得ます。

　そして、この消費者は風力発電の代替REC100を1REC $2で買い入れて$200を支出します。これは、消費者が年間必要とする電力量を100％満たすものです。

　この例では、消費者はソーラー発電REC10を売却して代替RECを100購入したことにより$300の利益をあげたことになり、また、プロジェクトREC1：代替REC10の比率で100％再生エネであると主張することができます。

v　REC裁定の利点と課題

　以上、REC裁定の概要をみてきましたが、ここで、REC裁定を行うことの利点と課題を整理すると次のとおりとなります[35]。

a. REC裁定の利点

・再生エネ使用の相対的コストの削減

・消費者に再生エネ使用の主張を法的に正当化する手段の提供

・PPAか別の契約により容易に実施可能

・環境と経済の目的を弾力的に達成できる手段の提供

b. REC裁定の課題

・再生エネ電力の使用につきステークホルダーへの説明が複雑化
・再生エネ電力の使用の主張が代替RECに関連することから、REC裁定により消費者と再生エネプロジェクトが切り離されること
・再生エネプロジェクトから直接電力を買い入れる消費者にとって、REC裁定はプロジェクトディベロッパーとの間で交渉する必要があること
・自己で再生エネプロジェクトを行う消費者にとって、REC裁定はプロジェクトRECを売却し代替RECを購入する取引が必要となること

❺ REC先物

ICEは、REC先物を上場、提供しています[36]。
ICEが上場しているREC先物は、次のとおりです。
・Connecticut Compliance Renewable Energy Certificate Class I Future
・PJM Tri Qualified Renewable Energy Certificate Class I Future
・New Jersey Solar Renewable Energy Certificate Future
・NEPOOL Dual Qualified Compliance Renewable Energy Certificate Class I Future
・Massachusetts Compliance Renewable Energy Certificate Class I Future
・Massachusetts Solar Renewable Energy Certificate Carve Out II Future
　ICE上場のRECは、5つの州の再生ポートフォリオ基準（renewable portfolio standard、RPS）プログラムにより発行されたものです。

【図表5】ICE上場のREC先物のスペック

項　目	内　容
取引場所	ニューヨーク、ロンドン、シンガポール
取引単位	100MWh（100REC）
最小価格変動幅	1MWh当たり$0.01
限月	10年までの各月
決済	満期到来時に州のREC登録所に登記されたRECを引き渡すという現物決済

（出所）ICE "Energy：Find opportunity in the transitioning energy market"

142

　RPSは、州法により電力小売り事業者等、最終電力消費者に電力供給を行う事業体（load-serving entities）に対して一定割合の再エネ電力の販売を義務付ける制度です。

　この上場商品のマーケットスペック（market specification）は、図表5のとおりです[37]。

　また、2023年5月、EEXのパートナーである米国のデリバティブ取引所のNodal Exchangeは、環境関連商品の開発等を行うIncubExと協働で、次のREC先物を上場しています。

・Virginia Compliance Renewable Energy Certificate（REC）Futures
・PJM Quad-Qualified Renewable Energy Certificate Futures

④ 風力指数先物

　風力指数先物（wind index futures）は、エネルギー業界でビジネスを展開する企業が風力発電の変動リスクをヘッジするための先物商品です[38]。

(1) Nasdaq

　2015年に上場されたNasdaqドイツ風力指数先物（Nasdaq German Wind Index Futures）は、風力発電業者やその他のステークホルダーがドイツにおける風力発電の変動リスクをヘッジする先物商品です。

　取引には、風力発電プラントのオーナーだけではなく、金融機関や投資家、さらには伝統的な電力会社や公共機関も参加しています[39]。

　この先物は、原指数としてNAREX WIDEを使用、決済をドイツにある風力発電所の発電に結び付けています[40]。

　Nasdaqドイツ風力指数先物のスペックは図表6のとおりです。

　NAREX WIDE（Nasdaq Renewable Index Wind Germany）は、ドイツの風力発電量を正確に計算した指数で、世界中の気候関連の情報処理やデータサイエンスをビジネスとするノルウエーを本拠地とするStormGeoにより算出されます。

　NAREX WIDE は、ECMWF（the European Centre for Medium-Range

【図表6】 Nasdaqドイツ風力指数先物のスペック

項　目	内　容
原指数	算出機関により日々算出されるドイツのNAREX-WIDE指数による Nasdaq Renewable Index Wind Germany NAREX-WIDE indexポイント×€1 / WPH ドイツ地方のNAREX-WIDE指数は、算出機関により日々算出される。
取引単位	1WPH（Wind Production Hour）
最小価格変動	€0.01
限月	年：3年　　　　四半期：7四半期 月：6か月　　　週：5週　　　　日：10日
決済	現金決済

（出所）Nasdaq Oslo ASA、Nasdaq Clearing AB "Contract Specifications Commodity Derivatives" 2022.11.21

Weather Forecasts、欧州中期天候予測センター）の天候予測モデルが収集したデータを基にしています。

　この指数による風力発電量の算出モデルは、ドイツのすべてのグリッド（発電された電力を需要先まで送るための送配電系統）ポイントの各々のパワーカーブ（風速ごとの発電量）を使っています。なお、パワーカーブのパラメーターはすべての市場参加者が入手することができます。

(2) Nodal Exchange

　米国のデリバティブ取引所のNodal Exchangeは、IncubExと協働でNational Wind Renewable Energy Certificate Futuresを上場しています[41]。

　このNational CRS Wind REC futuresのスペックは図表7のとおりです。

　今後、再生エネに関わるデリバティブの市場参加者を増やすためには、風力以外の太陽光、水力、地熱等の再生エネの指数を原資産とするサステナブルデリバティブを開発していくことが必要となります。

【図表7】Nodal Exchange の National CRS Wind REC futures のスペック

項　目	内　容
取引単位	1,000REC を表す 1,000MWh を 1 単位として取引
最小価格変動	$0.001 / MWh
限月	1年間の各月
決済	REC の現物決済

（出所）Nodal Exchange "Nodal Exchange Contract Specifications" 2023.2.8

⑤ 再生エネ燃料先物、オプション

(1) バイオマス燃料

バイオマス（biomass）は、再生可能な生物（bio）由来の有機的な資源で化石資源を除いた資源の総称（mass）です[42]。

バイオマスは、他の再生エネと異なり直接に液体燃料に転換して運輸等に使用することができ、こうした燃料をバイオマス燃料と呼んでいます。

バイオマス燃料には、再生エネの一種であるバイオエタノールやバイオディーゼル燃料、ペレット、気体燃料があります。

そして、現在最も使用されているバイオマス燃料は、バイオエタノールとバイオディーゼルです。

❶ バイオエタノール

バイオエタノールの原料は、トウモロコシやサツマイモ等のデンプン質原料とサトウキビやテンサイ等の糖質原料が使われ、こうした植物の糖分を発酵、蒸留してバイオエタノールを生産します。

気候変動枠組条約では、バイオエタノールは使用時に CO_2 排出量には計上されず、カーボンニュートラルとして位置づけられます。これは、バイオエタノールの燃焼によってガソリンと同様、CO_2 が発生しますが、バイオエタノールの原料の植物は光合成により大気中から CO_2 を吸収しているため、バイオエタノールの燃焼は吸収した CO_2 の再放出であり、全体としての CO_2 は増加しない、との考え方によるものです。

❷ バイオディーゼル

　バイオディーゼルは、大豆油、菜種油、使用済み天ぷら油等をメチルエス
テル化して製造されます。バイオディーゼルは、燃費や走行性能も軽油とほ
ぼ同等であり、また軽油よりも引火点が高く、より安全でディーゼルエンジ
ン用のバイオ燃料として使用されます。

　CME 傘下の NYMEX は、エタノールの先物、オプション（Ethanol（Platts）
futures、option）とバイオディーゼルの先物（Biodiesel futures）を上場して
います。なお、Platts は、エネルギー関連情報の配信社です。

【図表8】 CME のエタノール先物・オプション、バイオディーゼルの先物のスペック

1．エタノール先物

項　目	内　容
単位	42,000 ガロン
呼び値の最小単位	Globex：1 ガロン 0.0025 ＝ ＄105.00
限月	36 連続限月
決済	現金決済

2．エタノールオプション
　オプションでは、1、2、3、6月のカレンダースプレッド（限月間スプレッ
ド）オプションとアベレージプライスオプションが上場されています。

（カレンダースプレッドオプション）

項　目	内　容
単位	42,000 ガロン
呼び値の最小単位	Globex：1 ガロン 0.00025 ＝ ＄10.50
限月	1、2、3、6月のカレンダースプレッドにつき各々 34、10、9、7連続限月

（アベレージプライスオプション）

項　目	内　容
単位	42,000 ガロン
呼び値の最小単位	Globex：1 ガロン 0.00025 ＝ ＄10.50
限月	36 連続限月
権利行使	ヨーロピアン
決済	現金決済
原資産	エタノール先物

3. バイオディーゼル先物

項　目	内　容
単位	100 トン
呼び値の最小単位	1 トン 0.001 ＝ ＄0.10
限月	24 連続限月
決済	現金決済

（出所）CME "Chicago Ethanol（Platts）Futures and Options、Biodiesel futures"

コラム　🌲　カレンダースプレッド、アベレージプライスオプション

①カレンダースプレッド

　カレンダースプレッド（限月間スプレッド）は、同一の原資産で異なる限月間の価格差（スプレッド）を利用した取引戦略です。

　カレンダースプレッドは、期近と期先の 2 つの限月での売り買いとなります。期先物の買いと期近物の売りの組み合わせをスプレッドの買い、期先物の売りと期近物の買いの組み合わせをスプレッドの売りと呼んでいます。

　オプション取引でのカレンダースプレッドは、同一の原資産、同一の権利行使価格、同一の枚数（取引量）で、異なる限月のコールの売り買い（コールカレンダースプレッド）、または異なる限月のプットの売り買い（プットカレンダースプレッド）で構成します。

②アベレージプライスオプション

　オプションには、オプションの期間中の原資産の平均価格をオプションの決済の使用される原資産の価格とする「アベレージプライスオプション」と、オプションの期間中の原資産の平均価格を権利行使価格とする「アベレージストライクオプション」があります。

　そして、この 2 種類のオプションはアジアンオプションと呼ばれています[注]。

　アベレージプライスオプションは、権利行使価格は予め決められた固定価格（fixed strike）で、これと原資産の平均価格との比較で決済するのに対して、アベレージストライクオプションは、権利行使価格は原資産の平均価格（floating strike）として、オプションの期日における原資産の価格との比較で決済します。

　原資産の平均価格は、一般に日々の最高値と最低値の平均値を累計してこれを期間中の日数で除した値とします。

　アジアンオプションは、オプションの期間中に小刻みで売却、購入することが多いエネルギー物のヘッジに活用されています。

（注）

1．1987 年に Bankers Trust Tokyo が初めて取引したことに由来します[43]。
2．アベレージプライスオプションは、アジアンオプション（アベレージプライスオプションとアベレージストライクオプション）と同義に使われることもあります。

(2) RFS、RIN
❶ RFS、RINのコンセプト

　米国には、国内で販売されるガソリンや軽油に一定割合の再生可能燃料の混合をガソリン生産者等に対して義務付ける基準（RFS；renewable fuel standard）があります。なお、RFSは最初に2007年に策定され、その後2010年にRFS2として策定されています。

　そしてRFSに適合するために使われるクレジットは、RIN（Renewable Identification Number）と呼ばれています。RINは、基本的に米国における運輸燃料にバイオをブレンドした各ガロンに付けられたIDナンバーないしチケットです。

　RFSの対象となるガソリン生産者等は、ガソリンや軽油にRFSにより課された一定割合以上の再生可能燃料をブレンドするか、RFSを満たすだけのRINを購入する必要があります。

　RINは再生可能燃料の生産者が発行し、市場で取引されます。ガソリン生産者等はRINを取得してRFSを満たすことができます。

　RINには、次の種類があります[44]。

・D3（Cellulosic biofuel RIN）：トウモロコシ廃棄物や木材チップ等のセルロース材料から作られたエタノールをガソリンに混合してセルロース・バイオ燃料を製造。
・D4（Biomass based diesel RIN）：大豆油、菜種油、廃棄油、動物性油脂から得られる燃料をディーゼルに混合してバイオマスディーゼルを製造。
・D5（Advanced biofuel RIN）：サトウキビ由来のエタノール、バイオブタノール、バイオナプサをガソリンに混合して先進バイオ燃料を製造。
・D6（Renewable fuel RIN）：最も基本的なRINで、サトウキビ由来のエタノールをガソリンに混合して再生燃料を製造。

❷ RIN の取引

RIN は次の 2 つの方法によって取引されます[45]。

i　RIN と再生可能燃料とがパッケージとなって取引される。

ii　RIN が再生可能燃料と切り離されて、RIN 単独で取引される。

RIN は、EPA（U.S. Environmental Protection Agency、米環境保護庁）の再生燃料基準のもとで、再生燃料生産者、市場参加者、基準を遵守する義務のある主体等により全米で取引されています。

EPA では RIN の市場参加者として次のカテゴリーをあげています。

・RFS の対象となるガソリン生産者等（ガソリン、ディーゼルの精製業者、輸入業者）
・再生可能燃料の輸出業者
・再生可能燃料の生産者
・RIN の登録市場参加者

市場参加者は国内だけではなく外国の企業も含まれます。

RIN マーケットの参加者は、マーケットの価格変動リスクをコスト効率的にヘッジすることが可能となります。

❸ RIN 先物

i　Nodal

環境関連の上場商品の品揃えでは世界 1 を誇る Nodal は、IncubEx と協働で 8 種類に上る RIN 先物とオプションを上場しています[46]。

この RIN 先物とオプションは、D3、D4、D5、D6 の先物とオプションです。オプションは先物を原資産とする先物オプションで権利行使により先物となります。

【図表9】NodalのRIN先物とRIN先物オプションのスペック

1. RIN先物

項　目	内　容
商品	D3、D4、D5、D6タイプの再生ID番号（Renewable Identification Number）であるRINを原資産とする先物
取引単位	10,000RINs
最小価格変動単位	$0.0001 / RIN
限月	再生エネが発電・送電された年（vintage year）の3月から翌年の3月までの連続月
決済	現物決済

2. RIN先物オプション

項　目	内　容
商品	D3、D4、D5、D6タイプの再生ID番号先物（Renewable Identification Number Futures）を原資産とする先物オプション
権利行使スタイル	ヨーロピアン
取引単位	RIN先物1単位
権利行使価格の刻み	ATM（at-the money）の上下$0.05の刻みで最少10の権利行使価格
最小価格変動幅	$0.0001 / 再生ID番号
限月	再生エネが発電・送電された年（vintage year）の3月から翌年の3月までの連続月

（出所）Nodal "Nodal Exchange Contract Specifications" 2023.2.8

ii　ICE

ICEは、D3、D4、D5、D6について各々2種類の先物と1種類のオプションを上場しています[47]。

先物は、限月が2連続月と36連続月の2種類に分かれています。

RIN先物は、RINの市場価格を基に現金決済されます。

オプションは、権利行使の制度ではなく、自動執行（automatic exercise）の先物オプションです。

【図表10】ICEのD3RIN先物とRIN先物オプションのスペック

1．RIN先物

項　目	内　容
名称	バイオ燃料先物（Biofuel Futures）
取引単位	50,000RINs
最小価格変動単位	$0.0001 / RIN
決済価格	OPIS（Oil Price Information Service）のエタノール＆ガソリンスポット市場の呼び値の高値と安値の平均値を基にしたRINの値
限月	2連続月または36連続月

2．RIN先物オプション

項　目	内　容
商品	バイオ燃料先物（Biofuel Futures Option）
自動執行	満期においてin-the-money：先物へ移行、満期においてout-of-the-money：失効。権利行使の制度なし。
取引単位	RIN先物1単位
価格の刻み	ATM（at-the money）の上下$0.0001の刻みで最少20の価格
最小価格変動幅	$0.0001 / 再生ID番号
限月	60連続月

（出所）ICE "Products - Futures & Options"

第 7 章

コモディティ・サステナビリティ

① コモディティ・デリバティブ取引所とサステナビリティ

　企業や消費者は、生産ないし消費する商品の環境への影響により大きな関心を払うようになっています。この結果、企業が取り扱う商品がサプライチェーンの観点からサステナビリティに適合していることが重要なポイントになります。

　このトレンドは、スポットマーケットだけではなくデリバティブマーケットにもインパクトを与えています。

　コモディティ・デリバティブ取引所は、原則として原資産であるコモディティの引き渡しにより決済するスペックの商品を上場していることから、実体経済と密接にリンクしています。

　従って、コモディティ・デリバティブ取引所は、売買プラットフォームや清算（クリアリング）業務の提供に加えて、原資産マーケットに関わる事柄についても重要な責務を負っています。

　原資産に関わる取引所の責務は、従来は、原資産の品質（等級）や現物保管倉庫・貯蔵施設のインフラが中心でしたが、そこに気候変動等のサステナビリティの要素を組み込む動きが広がりをみています[1]。

　こうした動きに対応するデリバティブ取引所のアプローチは、次のように取引所によりさまざまな形がとられています。

①原資産の生産者に対して原資産がサステナビリティの観点から適正であることを要請する（CME、LME等）。

②原資産のトレーサビリティ（traceability、追跡可能性）をより強めるために透明性の要素を導入する（マレーシア取引所等）。

③低炭素経済を促進するために、環境汚染が少ない燃料を上場する（CME、ICE、EEX等）。

以下、この3つのアプローチについて、具体例を挙げながらみることとします。

② 生産者に対するサステナビリティの要請

(1) 責任ある調達

責任ある調達（responsible sourcing requirements）は、環境・社会に悪影響を与えないよう、サステナブルなビジネス慣行によりサプライチェーンから製品やサービスを調達する責務が企業にあるとする原則で、サステナブル調達とも呼ばれています。

責任ある調達は、幅広い業種、地域をカバーしますがその1つに鉱物があります。

すなわち、鉱業分野においては、紛争鉱物への対応を発端として、責任ある調達が求められています。ここで、紛争鉱物（conflict metal）とは、アフリカ諸国等の紛争地域で採掘された鉱物資源をいいます。

OECDは、ガイダンスで、紛争や非人道的な労働、環境破壊に企業活動が加担しないため、サプライチェーンにおける製錬・精製業者のデュー・ディリジェンスでリスクを評価するよう勧告しています[2]。

(2) LME、COMEX のサステナブルメタル先物
❶ LME

LME（London Metal Exchange）は、異形鉄筋（steel rebar）や銅、アルミ、鉛、ニッケル、コバルトといった産業用金属を原資産とするデリバティブを上場、取引する代表的な取引所です[3]。

2019年末、LMEは上場商品についてそれまでのメーカーやブランドに課していた要件に加えて、産業用金属の調達が倫理面等から責任のあるものでなければならないとする要件を付け加えました。

すなわち、LMEは、鉱物の品質そのものと同様、それが採掘される鉱山が

いかに運営されているか、また、CO_2の排出、リサイクル等のサステナビリティの諸項目についてのソリューションを探求するプロジェクトを展開しています。

このプロジェクトにより市場参加者にカーボン・フットプリントに関わる透明性を高める等、サステナビリティの推進が期待されています。

LMEは、OECDのサジェションに沿ってこうしたサステナビリティ・プロジェクトを進める一方、鉱物の採掘源についての倫理規定を標準化してこの規定に従わない鉱物は上場廃止するとしています。

こうしたLMEの責任ある調達であることを必要とする諸要件は、透明性とディスクロージャーに重点を置いたものであり、証券取引所が上場企業に対してESGの情報を開示するよう要請していることに類似したものです。しかし、このLMEの要請は、それに合致しない場合にはマーケットへの参加を認めないとする強力な内容となっています。

こうしたLMEのイニシアティブは、原資産の金属マーケットに重要なサステナビリティ・インパクトを与えています。

❷ COMEX

CMEの傘下にあるCOMEXは、ロンドン地金市場協会（LBMA；the London Bullion Market Association）との協調の下、現物受け渡しの金先物について責任ある調達ガイドラインを制定しています。

また、COMEXは、OECDが策定した基準を使って、精錬業者等、産業界の専門家とともに、責任ある貴金属のサプライチェーンの認証等を定めています。

CMEグループは、銀、プラチナ、鉄、銅、パラジウムの上場商品についても現物マーケットの専門家と協議をして責任ある調達のガイドラインを策定しています。

③ グリーンエコノミーに向けた商品上場

デリバティブ取引所では、グリーンエコノミーに向けたサステナブル商品を上場する動きが広がっています[4]。

例えば、LMEでは、アルミニュームや亜鉛をはじめとするEVに関わるさまざまなメタルのデリバティブを上場していますが、EVの主要部品のバッテリーについては業界と緊密な協議のうえ、業界の要望に沿う形でリスク管理を目的とした諸商品を上場しています。

具体的には、バッテリーの主要構成メタルのニッケル、コバルト、モリブデン、鉛の先物を上場、2021年にはリチウムイオン電池の原料となる水酸化リチウム（Lithium Hydroxide）の先物を上場しています。なお、水酸化リチウム先物は、CMEでも上場されています。

また、CMEでは、低炭素のバイオディーゼル燃料となるUCO（Used Cooking Oil、廃棄食用油）の原料となるUCOME（Used Cooking Oil Methyl Ester、廃棄食用油脂肪酸メチルエステル）の先物を上場しています。

UCOは、日本でも古くから飼料、工業原料、燃料として利用され、このところSDGsや2050年カーボンニュートラルのキープレーヤーとして世界的に注目されています[5]。外食・食品産業等から排出されるUCOは大半が回収されたうえで再生工場において精製・調整され、飼料（配合飼料に添加）、工業（脂肪酸、石けん、塗料、インキ等の原料）、燃料（バイオディーゼル燃料、ボイラー燃料等）、工業用等として資源のリサイクルに貢献しています。

一方、CMEは、水指数先物を上場しています。これは、カリフォルニア州の地表水および地下水盆（groundwater basin）4カ所の水利権のリースや売買の平均取引価格をもとに指数化したNasdaq Veles California Water Index（NQH2O）を原資産とします。

なお、水価格のデータ化は、水資源に関する市場調査等を専門とするコンサルタント会社のWestWater Researchにより行われます。

水指数を原資産とする先物の上場は世界最初のケースであり、CMEでは、気候変動等に起因する水資源の需給への影響による価格変動リスクに対応する農家や工業部門等のヘッジニーズに応える商品である、としています。

【図表1】Nasdaq Veles California Water Index先物のスペック

項　目	内　容
原指数	毎月第3水曜日発表のNasdaq Veles California Water Indexのスポット価格
1単位	指数×10＝10エーカー・フィート エーカー・フィートは、1エーカーの面積×1フィートの深さ＝325,851ガロン
呼び値の最小単位	指数1に対して1.00＝$10.00
限月	直近2連続限月プラス8四半期
決済	現金決済

（出所）CME "Nasdaq Veles California Water Index futures"

コラム 🌲 水資源と水先物

　SDGs は 17 の目標を掲げていますが、その中の目標 6 では、「すべての人々に水と衛生へのアクセスを確保する」としています。

　国連は、世界人口の 40％以上は水不足の影響を受けている現状にあり、しかもこの割合は、今後さらに上昇して、現在の気候変動シナリオのもとにあっては 2025 年には世界人口の 3 分の 2 が厳しい水問題（high water stress）に直面することになると予測しています[6]。

　全米の中でカリフォルニアは、最も水使用量の多い州です。特に水使用が多いのは、農業用で全体の 6 割で、あとは発電用と生活用が各々 2 割弱となっています[7]。

　カリフォルニア州では、気候変動による干害に加えて人口増加の影響から水不足が深刻化しており、水の先物取引は、効率的な水資源の需給バランスの調整を通じて、とりわけ水の需要量が大きい農業や製造業等の水資源管理に役立つことになると期待されています。

---

④　透明性、トレーサビリティ、ディスクロージャーの向上

　透明性、トレーサビリティ（traceability、追跡可能性）及びディスクロージャーは、サプライチェーンにおけるサステナビリティ推進のための重要な要素であり、また、サステナブル・コモディティを証明するスキームでは不可欠となります[8]。

（1）LMEパスポート

　LMEパスポート（LMEpassport）は、LMEが2021年に立ち上げたデジタル登録簿で、LMEのサステナビリティ戦略の主要な構成要素の1つです。当初はアルミニウム関連から始め、2025年10月にはすべての金属の生産関連業者に拡大する計画です。

　LMEパスポートは、市場参加者に2つのサービスを提供します[9]。

　第1は、LMEが上場資格を付与した金属の分析証明書（CoA；Certificates of Analysis）は、従来ペーパーベースで取り扱っていましたが、これをデジタル化して保存します。

　CoAは、LMEが許可した倉庫にLME上場の金属を現物決済のために入庫ないし出庫する際に添付する品質保証書で、金属の原産地、純度、サイズ、形状が記載されています。これまでペーパーによるCoAは、金属があちこちに輸送される途上、紛失、破損するケースが少なくありませんでしたが、これがデジタル化されることによりそうしたリスクは回避されるとともに、内容の透明性の向上とアクセスしやすくなるというメリットがあります。

　第2は、LMEが上場資格を付与した金属のサステナビリティに関する情報をデジタル化して記録するサービスです。LMEパスポートには、金属の生産関連業者がESG等、サステナビリティに関する付加情報を任意でインプットすることができます。

　これにより、LMEパスポートのユーザーは、次の情報を得ることができます。

・金属生産業者のプロファイル

　金属生産業者の生産状況や生産業者がLMEパスポートにアップロードしたESG関連の情報

・目標やコミットメント

　LME上場の金属の生産に関わるGHG排出抑制、生物多様性の保全等、ESGの目標やコミットメントの情報

・金属生産業者の比較

　ユーザーは、5業者までのサステナビリティ推進状況やディスクロージャーの内容等を比較することが可能。

(2) マレーシアのパーム油認証制度

　マレーシア政府は、パーム油（oil palm）生産の持続可能性を確かなものにするために、MSPO認証制度（The Malaysian Sustainable Palm Oil Certification Scheme）を導入して、パーム油の農園に適用しています。このMSPOの基準は国連のSDGsに準拠しています。

　MSPO認証制度は、マレーシアパーム油庁の監督のもと、マレーシア政府機関であるMPOCC（Malaysian Palm Oil Certification Council）により運営されています。

　MSPOでは、パーム油の農園経営者に次の原則の遵守を要請しています[10]。

①MSPOの要求する基準について継続的な内部監査と改善を行う。

②情報の透明性と製品のトレーサビィティを確保する。

③人権の尊重・健康・安全・雇用条件等の法的要件を遵守する。

④社会的影響評価の実施・対処、地域のサステナブルな開発、従業員の健康と安全、雇用条件、職能向上訓練等に配慮する。

⑤環境、天然資源、生物多様性、生態系に配慮する。

⑥最良の実践モデルを開発して生産性を高める。

⑦守るべき自然の範囲では農作物の植栽を禁止し、合わせて周辺地域社会への影響について十分配慮する。

　マレーシア取引所（Bursa Malaysia）は、2018年、ベンチマークであるパ

ーム原油先物（FCPO；crude palm oil futures）取引において、パーム原油を取引所承認の港湾タンク貯蔵施設で引き渡し決済をするにあたっては、先物の売り手はパーム原油の品質や搾油所等に関する情報を含むトレーサビィティに係る書類の提出を要請することにしました[11]。

こうしたトレーサビィティに係る書類提出は、パーム原油のサプライチェーンの透明性向上に資することになります。

⑤ 低炭素経済への移行促進に向けたサステナビリティ商品の上場

(1) 低炭素燃料先物

❶ 低炭素燃料

カリフォルニア州大気資源局（CARB；California Air Resources Board）は、2011年に低炭素燃料基準（LCFS；Low Carbon Fuel Standard）を施行しました。

このLCFSは、運輸セクターが低炭素燃料や代替運輸手段を活用することによりGHG排出を削減することを目的とするプログラムです[12]。

LCFSでは、各年、ガソリンやディーゼル燃料、その代替となる燃料に対して炭素濃度（CI；carbon intensity）スコアが付けられます。

そして、その年のCIベンチマークを下回る輸送用燃料提供者にはクレジットが与えられ、逆にCIベンチマークを上回る燃料提供者は規制を遵守するためにクレジットを購入する必要があります[13]。

❷ 低炭素燃料先物

ICEは、LCFS先物とオプションを上場しています[14]。

先物は、LCFSクレジットの現物のOPIS価格に基づいて現金決済される先物です。

また、オプションはLCFS先物を原資産とする先物オプションです。

【図表2】ICEの低炭素燃料基準先物、オプションの概要

1．LCFS先物

項　目	内　容
取引の単位	100LCFSクレジット（1LCFSクレジット＝1MT）
最小価格変動幅	$0.25／LCFSクレジット
限月	10年までの各月
決済方法	現金決済

2．LCFSオプション

項　目	内　容
取引の単位	LCFS先物1単位
限月	5年までの各月
決済方法	先物に移行
スタイル	ヨーロピアン

（出所）ICE Futures U.S. "California Low Carbon Fuel Standard Credit（OPIS）Futures & Option" 2023.3.3

(2) 低硫黄燃料油先物

❶ 低硫黄燃料油

　2020年1月、国際海事機構（IMO；the International Maritime Organization）は、船舶が使用する燃料から排出される硫黄酸化物（SOx）[注]の削減を指向して、船舶用燃料油の硫黄の含有量の上限を3.50％から0.50％に引き下げる措置を開始しました[15]。この規則は、IMO2020と呼ばれています。なお、それまでの上限3.50％の規制は、2012年から施行されてきたものです。

　これにより、船舶は主・補助エンジンやボイラーの燃料として、硫黄0.5％以下の燃料油、硫黄酸化物の排出が極めて少ないガスや短距離航行用のメタノール燃料を使用するとか、排ガス浄化装置（scrubber）を具備してSOx排出基準を満たす必要があります。排ガス浄化装置は、SOxが大気中に排出される前に浄化する装置で、この装置が規制にマッチしたものであることを船舶が属する国の当局（flag State）から承認を得る必要があります。

　（注）硫黄酸化物（SOx、ソックス）は、石油や石炭等、硫黄が含まれる化

石燃料が燃えるときに発生します。排出ガスに含まれるSOxや、大気中でSOxから二次的に生成されるPM2.5は、大気中を拡散して人体に取り込まれた場合、呼吸器疾患や循環器疾患等を引き起こすリスクがあります。

❷ 低硫黄燃料油先物

CMEやICE等の取引所は、船舶用の低硫黄燃料油を原資産とする先物を上場、取引しています。

i　CME

CMEでは、傘下のNYMEXにおいて船舶用の0.5%硫黄燃料油先物を上場、取引していますが、代表的な上場商品のスペックをみると図表3のとおりです。

【図表3】CMEの0.5%硫黄燃料油先物のスペック

項　　目	内　　容
上場商品名	Mini Singapore FOB Marine Fuel 0.5% (Platts) 先物(注)
単位	1単位：1トン
呼び値の最小単位	0.001トン＝$0.10
限月	現在の年と先行き3年間の各月
決済	現金決済

(注) Platts（S&Pグローバルプラッツ）社は、英国に拠点を置く原油、天然ガス、電力等のエネルギー価格等の情報企業

（出所）CME "Mini Singapore FOB Marine Fuel 0.5%（Platts）Futures"

ⅱ　ICE

　ICEでも、船舶用の0.5％硫黄燃料油先物を上場、取引していますが、シンガポールとロッテルダムの2商品間のスプレッド（Diff）を取引するスペックをみると図表4のとおりです。

【図表4】ICEの0.5％硫黄燃料油先物のスペック（Diff）

項　目	内　容
上場商品名	Fuel Oil Diff - Marine Fuel 0.5% FOB Singapore（Platts）vs Marine Fuel 0.5% FOB Rotterdam Barges（Platts）先物
単位	1単位：1,000トン
呼び値の最小単位	1トン＝＄0.01
限月	連続する60限月
決済	現金決済

（出所）ICE Futures Europe "Fuel Oil Diff - Marine Fuel 0.5% FOB Singapore（Platts）vs Marine Fuel 0.5% FOB Rotterdam Barges（Platts）Futures"

ⅲ　上海国際エネルギー取引所（Shanghai International Energy Exchange、INE）

　上海期貨交易所傘下の上海国際エネルギー取引所では、CMEやICEの現金決済と異なり、現物決済の0.5％硫黄燃料油先物を上場、取引しています（図表5）。

【図表5】上海国際エネルギー取引所の0.5％硫黄燃料油先物のスペック

項　目	内　容
上場商品名	Low Sulfur Fuel Oil先物
単位	1単位：10トン
呼び値の最小単位	1トン＝1元
限月	連続する12限月
決済	取引所指定の貯蔵施設における現物決済

（出所）上海期貨交易所 "Low Sulfur Fuel Oil Futures Contract of the Shanghai International Energy Exchange" 2021.9.16

第 8 章

カタストロフィデリバティブ・天候デリバティブ

　気象がもたらす異常現象には、地震、洪水、津波、火山噴火等のカタストロフィリスクと、暖冬、大雪、冷夏、少雨等の天候リスクがあります。

　サステナブルな社会、経済を脅かすこうした異常気象のリスクマネジメントに、デリバティブは重要な役割を担っています。

① カタストロフィデリバティブ

(1) カタストロフィリスク

　カタストロフィリスク（catastrophe risk）は、まれにしか発生しないが、一旦発生するとその被害は甚大なものとなる低頻度・高損害（low frequency-high severity）を特徴とする大規模自然災害リスクで、CAT リスクとも呼ばれます。

　カタストロフィリスクには、季節に関係なく不規則に発生するものの地域はある程度推測できる地震、津波、噴火等と、特定の季節に発生するもののその多くが地域を特定して予測することが難しい台風、竜巻、洪水、雹等のカテゴリーがありますが、いずれも発生確率と損失の予測が極めて難しいという特性を持っています。

　リスクマネジメントには、リスクが発生する前にリスクの軽減を図る対策であるリスクコントロールとリスクが実際に発生した場合の損失をファイナンスするリスクファイナンスがありますが、カタストロフィリスクのような低頻度・高損害のリスクに対しては、リスクコントロールでは十分ヘッジができず、この結果、残余リスクを抱えざるを得なくなります。

　このように、カタストロフィイベントに対するリスクマネジメントでは、特

にリスクファイナンスが重要な役割を担うことになります。

リスクファイナンスは、実際に損失を被った後にはじめて手掛けるリスクファイナンスと、損失発生を想定して予め準備しておくリスクファイナンスに大別されます。このうち、損失発生後のリスクファイナンスには、借入れや債券発行、株式発行がある一方、損失発生前のリスクファイナンスには、伝統的な保険のほか、コンティンジェントキャピタル、CATボンドと呼ばれる災害債券、カタストロフィデリバティブ等があります。

以下では、このうちカタストロフィデリバティブを中心にみることとします。

(2) カタストロフィデリバティブ

気候変動のインパクトが最も顕著にみられるのが、自然災害です。

こうした自然災害リスクの増加が、自然災害に対応するデリバティブ等の金融商品を生み出しました。

その代表といえる商品がカタストロフィデリバティブです。

カタストロフィデリバティブは、自然災害リスクを取引当事者間でやり取りする金融商品です。

❶ カタストロフィ・エクイティプットオプション（CatEPuts）

カタストロフィリスクを原資産とする先物・オプションはCME（The Chicago Mercantile Exchange、シカゴ商業取引所）に上場されていましたが、取引量が思ったように伸びず、上場廃止となっています。

以下では、OTCで取引されているカタストロフィオプションについてみることとします[1]。

気候変動と一定地域への人口集中等を背景に自然災害が頻発している状況下、保険会社がカタストロフィリスクをヘッジするために活用しているストラテジーの1つにカタストロフィ・エクイティプットオプション（CatEPuts）があります。

CatEPutsは、保険会社がカタストロフィリスクのヘッジに活用しているCATボンドと同様、カタストロフィリスクを資本市場に移転する金融商品です。

　具体的には、CatEPutsは、カタストロフィイベントが発生して、それによる保険会社の保険金支払い増加により保険会社の累積損が予め定めたトリガーを超えた場合に、保険会社が投資家に予め定めておいた価格で自社株を発行することができる権利です。

　カタストロフィイベント発生により保険会社の保険金支払いが嵩んだ場合、保険会社の株価は下落する恐れがあります。こうした株価下落のなかで、保険会社が資本補填のために新株を発行しても保険会社が受け取る発行代わり金は少ないものとなってしまいます。

　しかし、保険会社が予めCatEPutsを契約しておけば、たとえカタストロフィイベントが発生して保険金の支払いが嵩んでもCatEPutsの権利行使を行って予め決めておいた価格で、予め決めておいた株数の新株を発行して必要とする額の資本を補填することができます。

　このように、CatEPutsの特徴は、カタストロフィイベントが発生して保険会社の被保険者への支払いが嵩んでも、CatEPutsによる株の発行により資本注入がなされ、保険会社のソルベンシー（支払い能力）が損なわれることを回避できる点にあります。

　保険会社がカタストロフィリスクを資本市場に移転するツールにはCATボンドがありますが、CatEPutsは1996年に、イリノイ州を本拠地とする損害保険会社のRLI社が契約したことが最初となります。具体的には、RLI社はCatEPutsにより最大50百万ドルの転換優先株式（convertible preferred share）を発行する権利を取得しました。

　こうしたCatEPutsを活発に取引している保険会社としてはイタリア最大の保険会社であるゼネラリ保険（Assicurazioni Generali）があります。

コラム 🌲 CATボンドとCatEPuts

① CATボンド

カタストロフィリスクを資本市場に移転するツールにCATボンドがあります。

CATボンドは、災害債券（Catastrophe Bond）の略称で、保険会社が地震、洪水、台風、竜巻等の災害保険を顧客に売ることにより抱えることになるリスクを再保険の形でヘッジするために発行する債券です。

具体的には、保険会社が持つ地震保険や台風保険等を一まとめにして、それをSPV（Special Purpose Vehicle、特別目的会社）に移管します。そして、このSPVが保険契約をまとめたプールをバックにしてCATボンドを発行して投資家に売却します。この債券は、通常、市中短期金利＋○％という形の変動金利債ですが、＋○％の水準は一般の変動金利債と比べると高く設定されます。

CATボンドは、実際に災害が発生した場合に、CATボンドの投資家が元本をすべて失うことになる債券、または元本の一部を削減されて償還される債券、元本は保証されているが金利が低くなるあるいは金利の支払いがゼロになる債券等の種類に分かれます。

逆に、CATボンドの期間中に災害が発生しなくて満期を迎えた場合には、CATボンドの投資家は、元本100％の償還を受けることができ、この結果、一般債券よりも高いリターンを得ることとなります。

保険会社は、こうしたCATボンドの発行により、災害発生による保険金支払いリスクをCATボンドの投資家に移転することができます。

② CATボンドとCatEPuts

CATボンドもCatEPutsもカタストロフィリスクを資本市場に移転するツールですが、CatEPutsよりもCATボンドの方が、はるかに活発に取引されている状況にあります。

これには、次の2点が影響しているとみられます[2]。

ⅰ．株式の希薄化

　CatEPuts では、カタストロフィイベントが発生した時に保険会社が自社株を発行することから既存株主保有の株式の希薄化が発生します。

　一方、CAT ボンドの発行ではそうした問題が生じることはありません。

ⅱ．カウンターパーティリスク

　CatEPuts では、担保が付いていない OTC 取引であることから、保険会社にカウンターパーティリスクが発生する恐れがあります

　一方、CAT ボンドの発行では全額に担保が付いていることからそうした問題が生じることはありません。

---

❷ カタストロフィスワップ

　カタストロフィスワップ（CAT スワップ）には、2つのカテゴリーがあります。

　第1は、保険会社が顧客から引き受けたカタストロフィリスクを再保険会社にプレミアムを支払って移転するスワップ取引で、フィナンシャル CAT スワップ（financial CAT swap）と呼ばれます。

　第2は、保険会社が顧客から引き受けたカタストロフィリスクと他の保険会社や再保険会社が抱えている他の種類や他の地域のカタストロフィリスクとを交換するスワップ取引で、純粋 CAT スワップ（pure CAT swap）とかポートフォリオ CAT スワップと呼ばれます。

ⅰ　フィナンシャル CAT スワップ

　フィナンシャル CAT スワップは、カタストロフィリスクを持つ主体がカウンターパーティにプレミアムを支払い、実際にリスクが発生した場合にはカウンターパーティがプレミアムの支払い主体に損害を補償する契約です。

　フィナンシャル CAT スワップでプレミアムの支払い主体には、顧客からカタストロフィリスクを引き受けている保険会社が、また、そのカウンターパーティには再保険会社や投資家がなるケースが大半です。

　フィナンシャル CAT スワップは保険契約と似ていますが、フィナンシャル

CATスワップと保険契約との間には、現実にリスクが生じた場合のペイオフの手続きに大きな違いがあります。

すなわち、保険はリスクが顕現化しても、実際に損害を被ったこと、および保険契約上のイベント発生と損害発生との因果関係が保険会社による査定で確認されないと補償は受けられません。

しかし、フィナンシャルCATスワップは、通常、PCS（Property Claims Service）とかNatCatSERVICEといったマーケットロス指数で判断してペイオフが行われます[3]。

フィナンシャルCATスワップは、CATボンドの発行と合わせて実行されることがあります。

CASE STUDY

👍 フィリピンと世界銀行：その1

世界銀行は、自然災害等に関連したリスクを発展途上国から金融市場に移転するカタストロフィスワップをいくつか実行しています。

その1つが2017年に実行したフィリピン向けの206百万ドルのカタストロフィスワップです[4]。

フィリピンは、世界中で最も自然災害を受けやすい国の1つで、公共資産を守る保険により自然災害による被害に素早く対応する必要があります。

しかし、発展途上国であるフィリピンにとって、大規模災害に備えるような保険を掛けることは容易なことではなく、世界銀行のサポートを受けてカスタマイズしたヘッジ手段を活用する方策をとることを要望しました。

それに応える形で世界銀行は、災害発生後に早急に必要資金を入手することができるよう、パラメトリック・カタストロフィ保険商品を企画しました[5]。

この保険は、パラメトリック保険で、保険で決められている地震や台風の規模等の指標（パラメータ）を超える災害が発生した場合に予め定められている保険金が支払われるという内容の保険です。

そして、世界銀行は、再保険会社との間でカタストロフィスワップを組むことにより、災害リスクを再保険会社に移転しました。

フィリピン政府の保険契約と世界銀行が仲介したカタストロフィスワップ

の具体的手順は、次のとおりです（図表1）。

a. フィリピン政府（財務省、被保険者）は、国家資産や地方政府資産を地震や強力な台風から守るため、フィリピン政府サービス保険システム（GSIS；the Philippines' Government Service Insurance System）との間で、国家資産や地方政府資産を対象に206百万ドルの災害補償を受けることができるパラメトリック保険契約を締結します（フィリピン政府＝被保険者、GSIS＝保険者）。

　そして、GSISは、世界銀行との間で同じ内容のパラメトリック保険契約を締結します（GSIS＝被保険者、世界銀行＝保険者）。

b. 世界銀行は、国際的な再保険市場において再保険会社に対して固定のプレミアムを支払うカタストロフィスワップ取引を締結することにより、災害リスクを再保険会社に移転します。

c. 保険がカバーする災害が発生して事前に定めた損害額（トリガーポイント、免責額）を超えた場合にペソでの支払いが発生します。

d. 中央・地方政府は、災害発生後20日以内にペソを受け取ります。

e. 保険期間中に複数の災害が発生した場合には、各々の災害による損害に対して保険金が支払われます。

【図表1】世界銀行が仲介したカタストロフィスワップ

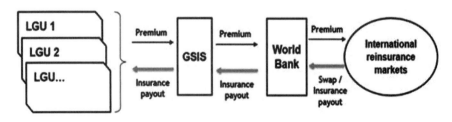

（注）LGU：local government unit
　　　GSIS：the Philippines' Government Service Insurance System
　　（出所）The World Bank "Insuring the Philippines Against Natural Disasters"

CASE STUDY

👉 **フィリピンと世界銀行：その2**

　世界銀行は2019年11月、投資家向けにCATボンドを発行しました[6]。

　これは、フィリピンが地震や台風により被害を受けた時に最大225百万米ドルを補償することを目的としています。その内訳は地震の被害で最大75百万米ドル、台風の被害で最大150百万米ドルで、期間は3年です。このCATボンドに投資したのは、資産管理会社や年金基金、保険・再保険会社の合計24の投資家です。

　世界銀行は、フィリピン政府との間でフィナンシャルCATスワップを締結し、フィリピン政府は、世界銀行に対してプレミアムを支払い、世界銀行は、受け取ったプレミアムをCATボンドへの投資家に支払います。

　そして、地震や台風が発生、損害が発生した時にはフィリピン政府は、独立の評価機関が算出した損害額を世界銀行に提出、世界銀行は、CATボンドの発行代わり金を原資として、地震の場合には1か月以内に、台風の場合には5か月以内にカタストロフィリスクによる損害額を査定することなくフィリピン政府に支払います。

ⅱ　純粋CATスワップ（ポートフォリオCATスワップ）[7]

a. 純粋CATスワップのコンセプト

　純粋CATスワップ（pure CAT swap）は、保険・再保険会社や企業が2当事者間で、カタストロフィリスクを交換するスワップ取引です。

　純粋CATスワップの交換対象となるリスクは、各々の当事者が持つポートフォリオのなかのリスクと相関が無いカタストロフィリスクが選択され、この結果、当事者はこの取引によってポートフォリオを再構築（rebalance）してリスク分散効果を向上させることができます。

　また、通常であれば、当事者が直接アクセスできないようなカタストロフィリスクも、このスワップ取引によりポートフォリオに組入れることが可能となります。こうしたことから、純粋CATスワップは、ポートフォリオCATスワップ（portfolio CAT swap）とも呼ばれます。

　グローバル規模でビジネスを展開する保険・再保険会社は、自己が保有す

るポートフォリオのリスクを分散して最適な構成にするために、純粋CATスワップを活発に取引しています。この結果、純粋CATスワップマーケットは保険・再保険会社が大きな取引シェアを占める状況にあります。

　純粋CATスワップは、OTC取引であり、当事者双方のニーズを汲み取ったテイラーメードの商品性が特徴となります。

b. 純粋CATスワップのスキーム

　純粋CATスワップは、カタストロフィリスクを回避したいとする2当事者が、各々が抱えるカタストロフィリスクを直接交換する取引です。

　カタストロフィリスクは、地理的、時間的に分散して発生するわけではなく、1か所で1時期に発生して巨額の損失をもたらすことが特徴ですが、この純粋CATスワップを活用して、カタストロフィリスクの地理的、時間的な分散を図ることが可能となります。

　純粋CATスワップのプレイヤーは、大規模ポートフォリオのリバランスを必要とする保険・再保険会社がメインで、その他、金融機関、再保険リスクポートフォリオへの投資に特化したヘッジファンド等です。

　例えば、日本の保険会社が持つ地震リスクのポートフォリオの一部をフランスの保険会社が持つ暴風リスクの一部と交換するといったケースが考えられます。こうした純粋CATスワップでは、当事者間で保険金の支払い義務が交換されることとなりますが、実際には、この例で行けば、日本に地震が発生した時には、日本の保険会社が地震保険の契約者に保険金を支払い、それを補填する形でフランスの保険会社が純粋CATスワップ契約に従って日本の保険会社に資金を払うことになります。

　また、日本の地震リスクをポートフォリオに抱える日本の再保険会社は、ポートフォリオの一部を北大西洋の地震リスクと交換することによって、同じ地震リスクでも相関性のないポートフォリオの構成に変更することができます。

　純粋CATスワップでは、取引当事者が抱えるポートフォリオリスクから各々適宜リスクを取り出して計量化し、同量のリスクを交換する形に組立てることにより、基本的に両当事者にとってコストゼロの取引に構築すること

が可能となります。

　また、交換するカタストロフィリスク間にリスクエキスポージャーの差がある場合には、2当事者間でその差が受払いされることになります。

CASE STUDY
👍 純粋CATスワップ

　日本のカタストロフィリスクに関わるケースをみると、次のような純粋CATスワップ取引が保険会社や再保険会社間で行われています。
・南関東の地震リスクとニューマドリッドの地震リスク
・南関東の地震リスクとカリフォルニアの地震リスク
・南関東の地震リスクと欧州の暴風リスク
・日本の台風リスクと欧州の暴風リスク

　こうした純粋CATスワップは、モナコの地震、日本の台風、欧州の暴風の3つのリスクの組合わせと、カリフォルニアの地震リスクとを交換するというように、複数のリスクを束にしてそれを単一のリスクと交換するといった取引も行われています。

② 天候デリバティブ

(1) 天候リスクと天候デリバティブ

　天候リスクには、気温、湿度、積雪、降雨、風速等のさまざまな要因があります。

　天候リスクは、企業や個人にとってマイナスに働くことが多いものの時にはプラスに働くこともあります。例えば、猛暑日続きとなると、屋外型のテーマパークは来場者数の減少となって直接の打撃を被ることになりますが、逆に、プールの運営者やビール、清涼飲料水を製造、販売する業者は、来場者数の増加や売上高の増加をみることになります。

　従来、企業が実施していた天候リスクマネジメントは、仕入れ量や生産量を調節するといった単純なものに限られており、たとえ予期せぬ天候リスクが顕現化して企業収益に悪影響を及ぼすことになっても、それは天災で止む

を得ないものであるとする考え方が一般的でした。

　しかし、現在では天候デリバティブマーケットの発展により、効率的な天候リスクマネジメントが可能となっています。従って、企業にとっていかに天候リスクをヘッジないしテイクしてマネージするかが経営の重要な要素となっています。

　天候リスクをヘッジすることにより、企業は天候如何に左右されることなく、本業で収益をあげることに資本を有効に活用できることになります。

　気候関連財務情報開示タスクフォース（TCFD；the Task Force on Climate-related Financial Disclosures）の勧告もあって企業、格付会社等は、天候リスクをより重大な関心事として認識しています。

　米国商品先物取引委員会の気候関連市場リスク勧告委員会（the US Commodity Futures Trading Commission's（CFTC）Climate-Related Market Risk Advisory Committee（MRAC））は、気候変動から発生するリスクへの対応にデリバティブを活用するニーズが高まっていることを指摘しています[8]。

　事実、エルニーニョが米国の企業に大きな損害を及ぼしたことを契機として、天候デリバティブの取引高は、急激な伸びを示してきました。

コラム 🌲 **エルニーニョ現象、ラニーニャ現象、ヒートアイランド現象**[9]

　世界全体に異常気象を引き起こす現象に、エルニーニョ・ラニーニャ現象があります。

①エルニーニョ現象

　エルニーニョ現象（El Niño）は、太平洋赤道辺りから南米ペルー沿岸の広範囲の海域の水温が異常に高くなった状態が半年から1年半程度に亘って続く現象です。

　こうした現象は数年の周期で起きる傾向があり、これにより世界全体に異常気象がもたらされることになります。エルニーニョ現象が発生すると、西太平洋熱帯域で積乱雲の活動が不活発化して、日本付近では夏季は太平洋高

気圧の張り出しが弱くなり、低温、多雨、寡照となる傾向があり、また、冬季は西高東低の気圧配置が弱まり、暖冬となる傾向があります。

②ラニーニャ現象

ラニーニャ現象（La Niña）は、エルニーニョ現象と同じ海域で海面の水温が異常に低くなった状態が半年から1年前後に亘って続く現象です。

ラニーニャ現象が発生すると、西太平洋熱帯域で積乱雲の活動が活発となり、日本付近では、夏季は太平洋高気圧が北に張り出しやすくなり、西日本、沖縄・奄美では南から暖かく湿った気流の影響を受けやすくなります。このため、北日本を中心に、気温が高く、日照時間の多い傾向があり、西日本の太平洋側を中心に、雨が多くなる傾向があります。また、冬季は西高東低の気圧配置が強まり、気温が低くなる傾向があります。

なお、気象庁地球環境・海洋部は、エルニーニョ・ラニーニャ現象や、西太平洋熱帯域・インド洋熱帯域の海洋変動に関する最新の状況と6カ月先までの見通しを、エルニーニョ監視速報として毎月10日頃に発表しています。

③ヒートアイランド現象

ヒートアイランド（heat island）現象は、郊外よりも都市の気温が高くなる現象です。気温分布図を描くと都市を中心に高温域が島の形状に分布することからこのように呼ばれています。

ヒートアイランド現象は、夏季は日中の気温の上昇や熱帯夜の増加により熱中症等の被害や生活上の不快さを増大させる要因になり、また、冬季は植物の開花時期の異常や、感染症を媒介する生物等が越冬可能になる等、生態系の変化も懸念されています。

気象庁では、各都市の都市化による気温上昇の実態を観測データを用いて調査するとともに、都市気候モデルを用いたシミュレーションも実施し、ヒートアイランド現象の監視を行った成果を、ヒートアイランド監視報告として毎年、公表しています。

(2) 天候リスクの計測とリスクマネジメント

❶ 天候リスクの3M

　天候リスクのマネジメントは、データ分析等から企業が潜在的に抱える天候リスクの発生の時期と発生確率がどれだけあるかを把握（Measure）して、天候リスクの発生の場合に企業のパフォーマンスにどれだけインパクトを及ぼす可能性があるかを観測・推計します（Monitor）。そして、天候リスクを定量的に推計したうえで、天候デリバティブ取引で必要なヘッジを行う（Manage）、というリスクの3Mが基本となります。

　天候デリバティブは、予め決めておいた気象データの水準と、実際の気象データの水準との差異をもとにして受け払いが決まる取引です。

　これにより、天候リスクをヘッジする目的で取引する主体は、異常気象、天候不順に代表される天候のさまざまな事象で企業が被る売上高の減少や費用の増加といった損失リスクを回避することが可能となります。

　こうした天候リスクマネジメントの中で、気温、降水量、降雪量、風力等の気象状況の把握が特に重要であり、それには客観的なデータの提供が必須となります。

　すなわち、信頼ある気象データがアベイラブルであることは、天候リスクマネジメントを実践する企業サイドはもとより、天候デリバティブの開発、設計、提供する金融機関等や市場参加者にとって最も重要な前提となります。

　天候デリバティブ商品は、気候変動データが透明性、信頼性を持って市場参加者から信用されて初めて発展、普及します。こうした条件が整えば、イノベーティブな新商品は普及してデータも豊富となり、それがまた新商品を生むという好循環が期待できます。

　気象データは、天候という性格上、相当の期間、過去に遡って入手可能であること、また、データに連続性、整合性があることが要件となりますが、各国とも公共の気象観測所が採集にあたっています。例えば、米国では、商務省の外郭団体の国立天候データセンター（National Climate Data Center, NCDC）が、全米に1,000を超える気象観測所を設置して、天候データの採取、保存、公表を行っているほか、全米気象サービス社や、アースサット社等の民間会社も信頼性の高いデータを提供しています。

　さらに、米国ではこうした公表データを分析、加工して付加価値を持った情報を提供したり、天候デリバティブ商品のプライシングモデルを開発、提供したりする民間会社も多数存在します。

❷ 気象庁のデータ

　日本では、気象庁が極めて信頼度の高い気象データを一般に広く提供しています。気象庁が実施している気象観測には、地上気象観測、地域気象観測等があります。

　このうち、地上気象観測では、全国約150地点の気象官署等で、気圧、気温、湿度、風、降水、積雪、雲、視程、天気、日照、その他の気象現象を自動または目視で観測しています。

　具体的には、全国約60か所の気象台・測候所で、気圧、気温、湿度、風向、風速、降水量、積雪の深さ、降雪の深さ、日照時間、日射量、雲、視程、大気現象等の気象観測を行っています。地上気象観測によるデータは、注意報・警報や天気予報の発表等に利用されるほか、気候変動の把握、産業活動の調査・研究等で活用されています。

　地上気象観測の観測値は、アメダスデータ等の統合処理システムを通じて送信されます。アメダス（AMeDAS；Automated Meteorological Data Acquisition System、地域気象観測システム）は、雨、風、雪等の気象状況を時間的、地域的に細かく監視するために、降水量、風向・風速、気温、日照時間の観測を自動的に行い、気象災害の防止・軽減に重要な役割を果たしています。

　また、全国20か所の気象レーダーによって降水の観測を行い、大雨警報等の気象情報の発表に利用しているほか、高潮・副振動・異常潮位及び高波等による沿岸の施設等への被害の防止・軽減のため、全国各地の検潮所や津波観測点の観測装置による潮位の観測、沿岸波浪計、ブイ、観測船による波浪の観測を行っています。また、スーパーコンピュータを用いた高潮モデルや波浪モデルにより潮位や波浪の予測値を計算しています。

> **コラム** 🌲 **線状降水帯と気象衛星**

線状降水帯（linear rainband）は、次々と発生する発達した積乱雲が列をなし数時間に亘ってほぼ同じ場所を通過または停滞することで作り出される長さ 50 〜 300km 程度、幅 20 〜 50km 程度の線状に伸びる強い降水域をいいます。線状降水帯による顕著な大雨によって、毎年のように数多くの甚大な災害が生じています。

気象庁では、2022 年 6 月より、線状降水帯による大雨の可能性がある程度高いことが予想された場合、半日程度前から線状降水帯というキーワードを使ってその旨を呼びかけていますが、今後、予測精度向上への期待が一段と高まると思われ、それには観測データによる数値予報の精度向上が必要不可欠となります。

こうした線状降水帯の予測精度向上の加速化に向けた観測の強化策の 1 つに気象衛星観測の強化があります。

2023 年 6 月に閣議決定された宇宙基本計画では、静止気象衛星ひまわり 10 号について線状降水帯や台風の予測精度を抜本的に向上させる大気の 3 次元観測機能等、最新の観測技術を導入し、2029 年度の運用開始に向けて着実に整備を進める、としています。

そして、気象庁では次期静止気象衛星のひまわり 10 号について検討を進めており、静止気象衛星に関する懇談会は、赤外サウンダーを搭載するひまわり 10 号の整備・運用を着実に進めることについて提言を行っています[10]。

具体的には、線状降水帯等の激甚化する気象現象から国民の生命・財産を守るために、既存の観測機能であるイメージャーに加えて赤外サウンダーを搭載するひまわり 10 号の整備を着実に進めること等について提言しています。

ここで、イメージャーは、地球大気上端や地表面からの赤外放射等を観測し、雲や海面水温等の 2 次元的な情報を得ることができるセンサー、また、赤外サウンダーは、地球大気からの赤外放射を高い周波数分解能で観測し、気温や水蒸気などの大気の鉛直構造も含めた 3 次元的な情報を高精度かつ高分

解能に得ることができるセンサーをいいます。

....

❸ 予測手法

i　数値予報

　数値予報は、物理学の方程式により気温、風等の時間的変化をスパコンで計算して将来の大気の状態を求める手法で、気象庁の予報業務の根幹となる手法です。なお、気象庁のスパコンは、1秒間に847兆回という膨大な計算を行う性能を持っています。

　数値予報は、大気を格子で細分化したうえで、世界中から収集した観測データを使ってその各格子点の気圧、気温、風等の値を求めます。

　そして、予測期間の長短により数値予報モデルの使い分けを行います（図表2）。

【図表2】数値予報モデルの種類

数値予報システム	モデルを用いて発表する予報	予報領域と格子間隔	予報期間
局地モデル	防災気象情報、降水短時間予報、等	日本周辺　2km	10時間
メソモデル	防災気象情報、降水短時間予報、府県天気予報、等	日本周辺　5km	39時間 78時間
全球モデル	台風予報、府県天気予報、週間天気予報、等	地球全体　約13km	5.5日間 11日間
メソアンサンブル予報システム	防災気象情報、府県天気予報、等	日本周辺　5km	39時間
全球アンサンブル予報システム	台風予報、週間天気予報、早期天候情報、2週間気温予報、1か月予報	地球全体 18日先まで約27km 18〜34日先まで約40km	5.5日間 11日間 18日間 34日間
季節アンサンブル予報システム	3か月予報、暖候期予報、寒候期予報、エルニーニョ監視速報	地球全体 大気 約55km 海洋 約25km	7か月

（出所）気象庁「気象に関する数値予報モデルの種類」を基に筆者作成

ⅱ アンサンブル予報

大気の運動は、カオス的な振舞いを特徴とし、カオス的振舞いによって初期値の小さな差が将来大きく増大することになり、数値予報の結果に誤差が発生する原因となります。

こうした誤差は初期値の誤差をゼロにすれば回避することができますが、観測データ自体の誤差や解析手法の限界から、事実上、初期値の誤差をゼロにすることは不可能です。

そこで、こうした誤差の拡大を事前に把握するため、アンサンブル予報と呼ばれる手法が導入されています。アンサンブル予報は、ある時刻に少しずつ異なる初期値を多数用意して多数の予報を行い、その平均やばらつきの程度を統計的に処理することにより最も起こりやすい現象を予報する手法です。

アンサンブル予報には、

a. 数値計算によって明確な情報を得ることが可能となり、予報の活用による分析に利用することができること、

b. アンサンブルの平均値から、平均的な大気の予想精度を高めることが可能となること、

c. 予報のばらつき具合、確率といった情報がアベイラブルになること、

等のメリットがあります。

このアンサンブル予報は、5日先までの台風予報、1週間先までの天気予報、それより長期の天候予測に活用されています。

また、アンサンブル予報により、さまざまな気象要素を確率分布で提供する加工が可能となり、産業界での活用に資するところも大きいと考えられます。

❹ 異常気象リスクマップ

気象庁は、地球温暖化に伴う異常気象の増加が懸念されるなかで大雨や高温の発生頻度等に関する詳細な情報が求めるニーズの高まりに応えて、全国各地における極端な現象の発生頻度や長期変化傾向に関する情報を図表形式で示した異常気象リスクマップを提供しています。

気象庁では、原則として、ある場所・ある時期において30年間に1回以下

の頻度で発生する現象を「異常気象」と定義しています。しかし、30年に1回以上起こる現象でも社会経済に大きな影響を与えるケースがあることから、毎年起こるような現象まで含めて、大雨や高温などの頻度・強度がどのように変化するかを監視する必要があります。こうしたことから、異常気象リスクマップでは、30年に1回という基準に限らず、社会的影響が大きいと見られる極端な現象も含めて対象としています。

　異常気象リスクマップでは、全国約1,300地点のアメダスのデータも活用して、全国51地点の日降水量データのほか、確率降水量、日降水量100ミリ以上の日数、10年に1回の少雨のデータを公表しています。

❺ 民間気象事業者の気象サービス

　天候リスクが各種企業の業績に与えるインパクトが大きくなっていることから、多くの企業は気象庁から提供される情報をそのまま活用するだけではなく、各々のビジネスからみて特に重要な天候リスクに関する情報を求めるニーズが強まっています。

　こうしたなか、気象情報分析面へのITの浸透に伴い、民間気象事業者により個々の企業の天候リスクに関する情報ニーズに対応した気象サービスの提供が拡大しています。

　すなわち、気象庁は、民間気象業務支援センターを通じて気象庁の観測・解析・予報等の成果及びこれらの作成過程で得られる数値予報資料や解説資料等の気象情報を民間気象事業者等へ提供しています。

　そして、民間気象事業者等は、気象庁から提供された情報を各々の企業に対応した情報に加工して、産業界の多様なニーズに応えています。

(3) 天候デリバティブのコンセプトと特徴
❶ 天候デリバティブのコンセプト

　天候デリバティブは、予め決めておいた平時の気象データの水準と、実際の気象データの水準との差異をもとにして受け払いが決まる取引です。

　天候デリバティブの原資産（対象）となる天候リスクは、地震、津波、ハリケーン、竜巻、噴火といったカタストロフィイベントを対象とするという

よりも、気温、降雨、降雪、霰、日照、風速等、より発生確率が高い天候イベントを対象とすることを特徴とします。

また、天候の単一の事象ではなく、いくつかの事象を組み合わせてそれを原資産とする天候デリバティブも取引されています。例えば、降雨と風速を組み合わせた台風デリバティブがこのカテゴリーの天候デリバティブに属します。

また、天候デリバティブの原資産は、たとえば風速が何 m 以上というように天候事象の原計数を使う場合と、一定の方式に従って加工した指数を使用する場合があります。

天候デリバティブは、取引所に上場された商品を取引することもあれば、2当事者間で取引される OTC 取引（店頭取引）の形態もあります。

なお、天候デリバティブの決済は、現物決済といったことは考えられず、現金決済（差金決済）となります。

天候デリバティブを活用する目的は、2 つに大別することができます。

第 1 は、天候リスクのヘッジ機能としての活用です。デリバティブは、リスクの移転機能により天候リスクをヘッジする有効な手段となります。

天候デリバティブは、気温、降雨、積雪、風速、日照等、気象に関連したリスクをヘッジする金融商品です。すなわち、天候デリバティブは、異常気象、天候不順に代表される天候の諸事象により、企業が被る売上高の減少や費用の増加といった損失リスクを回避することを目的とするデリバティブ取引です。

これによりヘッジャーとなる取引主体は、予め決めておいた平時における気象データと先行きの気象データの実績との差異をもとにして算出される金額を受取り、基本的に異常気象による損失をカバーすることが可能となります。

天候デリバティブは、農業関係者、エネルギー、電力会社、保険会社、銀行等で取引されています。天候デリバティブは、伝統的な天候リスクのヘッジツールとしての保険に対して、ART（alternative risk transfer、代替的リスク移転）の手法の 1 つとして、天候リスクを潜在的に抱えるビジネスを展開する企業を中心に活用されています。

　第2は、ポートフォリオの資産クラスの1つとする目的での天候デリバティブの活用です。機関投資家では、伝統的な金融資産で構築されたポートフォリオを持つ金融資産との相関性が少ない天候リスクを組み入れることにより、最適ポートフォリオの構築を指向する動きがみられます。

❷ 天候デリバティブと一般のデリバティブの違い

　天候デリバティブと一般のデリバティブには、いくつかの相違点があります。

　まず、普通のデリバティブは「価格」の変動リスクをヘッジするために用いられるのに対して、天候デリバティブは「数量」の変動リスクをヘッジする目的で使われます。これは、同じエネルギー産業がエンドユーザーとなるデリバティブでも、天然ガスや電力を原資産とする先物、オプションが「価格リスク」をヘッジするのを目的とするのに対して、天候デリバティブは、例えば、異常気温による電力量の増減や、降雪量の多寡によるスキー場への来客数の増減等、「需要量のリスク」をヘッジする目的で取引されることをみても明らかです。

　次に、一般のデリバティブの対象となる原資産は、取引可能な商品であり、大量の取引を行えば価格が動く可能性があるのに対して、天候デリバティブは、天候というまずは動かしがたい事象を取引対象とする、という相違があります。

　天候デリバティブは、天候という観測可能な原資産をベースとしていますが、しかし、天候という原資産自体を売買の対象にすることも退蔵の対象にすることもできないという特徴を持っています。

　従って、普通のデリバティブは、原資産の価格を操作することによってデリバティブの損益を自己に有利な方向に誘導するという不正取引が行われる可能性がありますが、天候デリバティブはそうした操作はできません。

　また、一般のデリバティブは、その原資産をデリバティブと組み合わせることにより、デリバティブポジションが持つマーケットリスクのヘッジを行うことが可能となります。例えば、穀物の先物のショート（売り）ポジションを持っている場合には、穀物の現物を買うことによりリスクを中立化させ

ることができます。これに対して、天候デリバティブの場合には、天候デリバティブのポジションのリスクを原資産の天候の売買でヘッジするわけにはいきません。

....

コラム 🌲　weatherXchange

　天候デリバティブは、CME等で上場されている例がありますが、そのほとんどがOTC取引で行われています。

　このため、特に天候リスクをデリバティブでヘッジするプロテクションの買い手サイドでは、そのニーズがあっても誰に、どのような形でこれを持ちかけるか、戸惑うケースが少なくありません。

　そこで、英国を拠点として天候データや天候関連のソフトウエアを提供するSpeedwell groupの傘下にあるweatherXchangeは、こうしたヘッジャーのニーズを満たすことを目的にプロテクションの買い手と売り手とを結びつけるプラットフォームを構築、提供しています[11]。

　なお、weatherXchangeは、英国FCA（Financial Conduct Authority、金融行動監視機構）に認可され、その規制下に置かれています。

　weatherXchangeのプラットフォームを使用できるユーザーは、大手企業に限定されています。

　weatherXchangeでは、次のステップを踏んで、ヘッジャーを天候デリバティブの成約までサポートします。こうしたステップはすべてweatherXchange構築のプラットフォームを通して行われます。

①世界の約3千の地区の天候関連のデータや指数が無料でヘッジャーに提供される。

　もし、ヘッジャーが必要とする場所のデータがこの地区から離れている場合には、weatherXchangeにコンタクトすればヘッジャーに必要データが提供される可能性がある。

②ヘッジのフレームワークを構築するツールとヘッジに要するコストの計算ツールが無料でヘッジャーに提供される。

③プロテクションの売り手やブローカーにヘッジャーが紹介される。また、ヘッジャーは、RFP（Request for Proposal）を提示することもできる。

④プロテクションの買い手であるヘッジャーとプロテクションの売り手との間で、契約に向けての直接交渉を実施して契約に漕ぎつける。

⑤契約期間中の損益等を計算サービス会社の Speedwell Calculation Services が行う（有料）。

⑥決済手続きを決済サービス会社の Speedwell Settlement Services が行う（有料）。

このうち、②のヘッジのフレームワーク構築については、業種別に標準形が示されており、ヘッジャーはこれをベースにして自己のニーズにマッチするようカスタマイズすることができます（図表3）。

また、③のプロテクションの売り手の顔ぶれをみると、保険・再保険会社や投資ファンド、天候リスクマネジャー等となっています。

【図表3】天候リスクヘッジのフレームワークの標準形

業　界	標準形の参照指標	標準形のスキーム
電力業界	CDD、HDD、CAT	下記（4）⑥参照
	Critical Hot Days、Critical Cold Days	最高/最低気温が、ユーザー選択の閾値を超えた、または下回った日数の合計をベースにしたプロテクション
再生エネ・風力	風力発電指数	ユーザー選択の地域の風力発電を指数化したSpeedwell Climate Wind Benchmarkをベースにしたプロテクション
	累積風速	プロテクション期間中の日々の平均風速を合計した数値をベースにしたプロテクション
	Critical Low Wind Average	プロテクション期間中の日々の平均風速が、ユーザー選択の閾値を下回った日数の合計をベースにしたプロテクション

再生エネ・水力	累積降雨	プロテクション期間中の合計降雨をベースにしたプロテクション
再生エネ・太陽光	全天日射量 (global solar radiation) の Critical Days	プロテクション期間中の日々の全天日射量がユーザー選択の閾値を下回った日数の合計をベースにしたプロテクション
	全天日射量の累積価値	プロテクション期間中の日々の全天日射量の累積価値
農業	累積降雨	プロテクション期間中の合計降雨がユーザー選択の閾値を下回った/上回った降雨量をベースにしたプロテクション
	Critical Hot Days / Frost Days	プロテクション期間中の日々の最高/最低気温がユーザー選択の閾値を上回った/下回った日数をベースにしたプロテクション
	Consecutive Hot Days / Frost Days	プロテクション期間中の日々の最高/最低気温がユーザー選択の閾値を連続して上回った/下回った日数をベースにしたプロテクション
建設	降雨	プロテクション期間中の日々の降雨量がユーザー選択の閾値を上回った日数をベースにしたプロテクション
	Consecutive Days of Rain	プロテクション期間中の日々の降雨量がユーザー選択の閾値を連続して上回った日数をベースにしたプロテクション
	累積降雨	プロテクション期間中の合計降雨がユーザー選択の閾値を上回った降雨量をベースにしたプロテクション
	Critical Cold Days	プロテクション期間中の日々の最低気温がユーザー選択の閾値を下回った日数をベースにしたプロテクション
	Critical Wind Max Gust	プロテクション期間中の日々の最大風速がユーザー選択の閾値を上回った日数をベースにしたプロテクション

卸小売り	Critical Rain Days	プロテクション期間中の日々の降雨量がユーザー選択の閾値を上回った日数をベースにしたプロテクション
	Critical Hot Days、Cold Days	プロテクション期間中の日々の最高、または最低気温がユーザー選択の閾値を上回った／下回った日数をベースにしたプロテクション
旅行・レジャー	Critical Rain Days	プロテクション期間中の日々の降雨量がユーザー選択の閾値を上回った日数をベースにしたプロテクション
	累積降雨	プロテクション期間中の合計降雨がユーザー選択の閾値を上回った降雨量をベースにしたプロテクション
	積雪	プロテクション期間中の積雪量がユーザー選択の閾値を下回った日数をベースにしたプロテクション
	平均積雪	プロテクション期間中の日々の平均積雪量をベースにしたプロテクション
運輸・交通	降雨	プロテクション期間中の日々の降雨量がユーザー選択の閾値を上回った日数をベースにしたプロテクション
	酷暑、厳寒	プロテクション期間中の日々の最高／最低気温がユーザー選択の閾値を上回った、または下回った日数をベースにしたプロテクション
	積雪	プロテクション期間中の積雪量がユーザー選択の閾値を下回った日数をベースにしたプロテクション
イベント	降雨	プロテクション期間中の日々の降雨量がユーザー選択の閾値を上回った日数をベースにしたプロテクション

（出所）weatherXchange の資料を基に筆者作成

(4) 天候デリバティブと損害保険

　天候リスクを対象とする伝統的なヘッジツールに損害保険があります。各種の損害を補償する損害保険には、気温、降水量、積雪量等の異常気象により企業が被る損失を補償する商品のほかに、個人を対象とする火災保険にもさまざまな付加プランが用意されており、水災、雹災、落雷、風災、雪災、水ぬれ被害等の補償を得ることができます。

　以下では、天候デリバティブと伝統的なヘッジ手段である損害保険と対比して、各々の特徴をみることにします。

❶ 支払い額の決定方法

　損害保険の基本原則は、保険契約で定められた保険金額を上限として、実際に発生した損害額を保険金として支払う実損填補です。なお、実損填補の変形として比例填補があります。比例填補は、実際に発生した損害額に対して保険契約で定められた割合の金額を保険金として支払う方式です。

　これに対して、天候デリバティブの資金の受払いは、気象事象の客観的、定量的な数値に基づいて自動的に受払いの発生の有無とその金額が決定されます。例えば、気温を原資産とする天候デリバティブでは、一定の気温を超えた場合に、一定の金額が受払されるといった契約内容です。

　したがって、天候デリバティブの場合には、気象事象により被った損失額とデリバティブ取引による受取額が必ずしも見合わないベーシスリスクが存在します。ベーシスリスクとは、リスクをヘッジしようとデリバティブ取引を行っても、ヘッジを目的とするリスクとデリバティブ取引でヘッジされるリスクとが完全に一致しないことをいいます。例えば、飲料水メーカーが冷夏の場合の売行き不調をヘッジするために気温デリバティブ取引を行ったところ、気温の方は予想通り冷夏となったものの、売行きの方が想定を大幅に上回る不振となった場合には、気温デリバティブ取引による受取額では実損額を十分カバーできないこととなります。

　また、天候デリバティブ取引においては、ベーシスリスクの中でも、気象観測所が採取したデータとヘッジ対象が所在する場所における気象データの違いから生じるリスクには、特に注意を払う必要があります。例えば、ある

拠点の降雨リスクのヘッジ取引で、その拠点に気象観測機器が設置されておらず、天候デリバティブで取り決める降雨の観測地点を最寄りの気象観測機器設置場所としたケースでは、その拠点で集中豪雨となって損失が発生しても気象観測機器設置場所ではそうではない場合には、デリバティブ取引による受払いが発生しないことになります。

こうしたベーシスリスクは、スペックが標準化された天候デリバティブの取引で特に発生する恐れがあります。

ユーザーがこうしたベーシスリスクを回避するためには、取引所取引とOTC取引とを組み合わせることによって、ベーシスリスクを最小にするか、OTC取引でディーラーとの間でテイラーメードの天候デリバティブを取引する等の手法が考えられます。

このうち、前者の手法では、まず取引所上場の天候デリバティブ取引によって大半のリスクヘッジをして、それによって残ったベーシスリスクをOTC取引によってヘッジすることによって、上場デリバティブの持つ流動性の厚さとOTC取引の持つテイラーメードの双方の特徴を享受することができます。

❷ 損害額の査定の有無と資金の受払いのタイミング

損害保険は実損填補を原則とすることから、損害保険会社による天候リスクの発生と実際の損害との間の因果関係の有無と、実際の損害額の査定が必要となります。

これに対して、天候デリバティブの支払額は、実際の損害の有無・大きさに関係なく、指数の動きで自動的に決定されることから、損害発生と天候との因果関係の存在の検証や実損填補の査定の手続きは必要ありません。

こうした査定の有無は、資金の受払いのタイミングに影響します。すなわち、損害保険では自ずから査定作業に時間がかかるのに対して、査定が不要な天候デリバティブでは資金の受払いが迅速に行われることとなります。特に、プロテクションの買い手である企業が異常気象で被害を受けたような場合には、当座の運転資金のニーズが発生するケースが少なくなく、資金支払いが迅速であるデリバティブの特性は、大きなメリットとなります。

もっとも、天候リスク保険の中には査定が必要ではなく、一定の気象状況

が事前に保険会社と顧客との間で契約した内容に一致すれば自動的に一定額が支払われる種類も存在します。こうした保険には、大きなイベントが悪天候で中止となった場合の損害を補償する興業中止保険とか、スキー場やゴルフ場の天候保険があり、その本質は、天候デリバティブに類似した契約であるとみることができます。

❸ リスクヘッジと投機取引

　損害保険の被保険者が保険契約を行うためには、損害が発生する可能性のある保険対象（insurable interest）が必要となります。これは、損害保険が実損填補を原則とすることから来る当然の必要条件です。

　しかし、天候デリバティブでは、プロテクションの買い手は必ずしもデリバティブの原資産に利害の関わりを持っている必要はなく、したがってプロテクションの買い手が天候リスクの発生により損失を被ったことを証明する必要もありません。

　このことは、天候デリバティブはリスクヘッジに使われるだけではなく、投機のツールにもなることを意味します。事実、CME上場の気温デリバティブマーケットには、多くのスペキュレーターが参加して取引を行っています。

　もっとも、日本の場合には、保険会社等の金融機関が天候デリバティブを顧客に提供するにあたっては、その取引目的は天候リスクをヘッジすることを必要条件としており、投機を目的に取引することはできない、としていることが一般的です。

❹ 標準化とテイラーメード

　異常気象を対象とする損害保険は、個人に対しては火災保険にオプションとして地震とか台風、水害といった災害保険が定型化されて組み込まれていることが一般的です。これに対して、企業を被保険者とする損害保険では、基本的なタイプは決められているものの、企業のニーズに応じてテイラーメードにして提供されることが多い状況です。

　一方、天候デリバティブは、CME上場の気温デリバティブにみられるように取引所上場商品は標準化されている一方、OTC取引の天候デリバティブは、

基本的に取引当事者のニーズを汲み取ったテイラーメードとなります。

　日本の天候デリバティブは、現状、取引所上場の商品は存在せず、すべてOTCで取引されていることから、どのようなスペックにするか、天候デリバティブを提供する保険会社等と顧客との間で交渉してオーダーメードの内容にすることが可能です。しかし、小口の天候デリバティブは、いちいち保険会社と顧客との間で交渉しながらスペックを決定することは効率的ではなく、そうした場合には顧客のニーズを最大公約数的に汲み取ったスペックとして標準化して提供されているケースがあります。

❺ リスクヘッジャーとリスクテイカー

　損害保険では、基本的に保険会社がリスクテイカー、顧客がリスクヘッジャーとなり、保険会社とヘッジャーは相反するステータスとなります。

　しかし、天候デリバティブでは、例えば、冷夏により損失を被る企業と猛暑により損失を被る企業との間や、異常寒波により損失を被る企業と暖冬により損失を被る企業との間で、天候デリバティブ取引を締結することが考えられます。

CASE STUDY
👍 気温リスクをスワップする天候デリバティブ取引
①気温リスクスワップのコンセプト

　日本における天候デリバティブ取引は、損害保険会社や大手銀行がリスクテイカー、企業がリスクヘッジャーとなって取引されるケースが大半ですが、ごくまれにリスクヘッジャーとなる企業間で取引が成立するケースがあります。

　その例が、東京電力と東京ガスの気温デリバティブ取引です。すなわち、東京電力にとっては、冷夏の場合にエアコンの稼働率が落ちて電力の売上げが減少する冷夏リスクがある一方、東京ガスにとっては、猛暑の場合に給湯需要が落ちてガスの売上げが減少する猛暑リスクがあります。

　このように夏季においてまったく逆方向の気温リスクを抱える両社との間で、気温リスクをスワップする天候デリバティブ取引が成立しました。その

内容は、東京電力が冷夏リスクをヘッジする一方、猛暑リスクをテイクするのに対して、東京ガスは猛暑リスクをヘッジする一方、冷夏リスクをテイクするというものです。

　なお、こうした電力会社とガス会社との間の天候デリバティブ取引は、その後、関西電力と大阪ガスとの間でも行われています。

②東京電力と東京ガスとの気温デリバティブスワップの内容
　東京電力と東京ガスの天候デリバティブ取引の具体的な内容は、夏季における平均気温が一定の水準を下回った場合には、ガス会社が電力会社に対して支払をして、逆に平均気温が一定の水準を上回った場合には、電力会社がガス会社に対して支払をするというものです。

　この結果、東京電力は、冷夏の場合にはデリバティブ取引からの受取りで収益減をヘッジする一方、猛暑の場合にはデリバティブ取引で支払いとなりますが、本業の電力売上増により利益が上がり、これを相殺することができます。

　一方、東京ガスは猛暑の場合にはデリバティブ取引からの受取りで収益減をヘッジする一方、冷夏の場合にはデリバティブ取引で支払いとなりますが、本業のガス売上増により利益が上がり、これを相殺することができます。

　この気温デリバティブ取引では、まず、気温の観測地点は大手町の東京管区気象台が1時間ごとに発表する24データの気温とします。また、観測期間は2001年8月から9月の2ヶ月（61日）間の毎日の平均気温です。そして、東京電力の権利行使価格（気温）は、25.5度に、また東京ガスの権利行使価格は26.5度に設定されました。

　すなわち、その期間の1日の平均気温が25.5度を下回った場合には電力会社がガス会社から資金を受け取り、平均気温が26.5度を上回った場合には逆にガス会社が電力会社から資金を受け取るという内容です。支払金額は権利行使価格を下回った場合、または上回った場合にその幅の0.1度ごとに800千円を支払うというものです。

　また、この支払額はたとえ1日の平均気温が24.0度を下回った場合、または28.0度を上回った場合でも各々24.0度を下限、28.0度を上限として計算す

るというキャップを設定することでこの気温デリバティブ取引のペイオフは、24.0度から28.0度の範囲で効果が発揮される取引となります。

これは、実績が24.0度を下回るとか28.0度を上回ることは、ヒストリカルデータからみて確率は極めて低いと判断されたことによります。この結果、支払額の最大限度額が1日当たり12百万円（2ヶ月間で7.3億円）となります。

なお、平均気温が25.5度から26.5度の間はいわば平温であり両者の間に受払いは発生しません。

そして、この取引は、東京電力も東京ガスもオプションの売り買い双方を行うこととなり、プレミアムの受払が相殺されるゼロコスト取引となります。なお、実際の気温は1日平均24.8度の冷夏となり、東京電力が東京ガスから約320百万の受け取りとなりました。

【図表4】東京電力と東京ガスの天候デリバティブ取引の概要

取引項目	契約内容	
対象期間	2001年8月1日から9月30日まで	
指標となる気温	大手町にある気象庁設置の機器で観測した対象期間の平均気温の合計	
基準気温	26℃	
決済の方法	対象期間の平均気温が基準気温を0.5℃を超えて下回る場合⇒東京ガス支払い・東京電力受取り	対象期間の平均気温が基準気温を0.5℃を超えて上回る場合⇒東京電力支払い・東京ガス受取り
	上限	対象期間の平均気温が2℃下回る場合⇒東京ガス支払い・東京電力受取りが7億円となり、これが上限	対象期間の平均気温が2℃上回る場合⇒東京電力支払い・東京ガス受取りが7億円となり、これが上限

（出所）東京電力、東京ガス「夏期の気温リスク交換契約の締結について」
プレスリリース等をもとに筆者作成。

コラム 🌲 損害保険と天候デリバティブの組み合わせ

　損害保険会社では、損害保険と天候デリバティブを組み合わせた商品を設計し、売り出している例があります。

　三井住友海上火災保険では、大規模なソーラー発電所を運営する事業者に対して、メガソーラー発電施設に関わるさまざまなリスクを補償するメガソーラー総合補償プランを提供しています[12]。

　メガソーラー総合補償プランは、メガソーラーに関する財物損害リスク、利益損失リスク、賠償損害リスク、日照時間不足リスク等を総合的に補償する内容となっています。

①保険による補償の具体例

・火災、落雷、破裂・爆発、風災・雹災・雪災等の他、その他偶然な事故によりメガソーラーに生じた物的損害
・火災等の事故によりメガソーラーに物的損壊が生じた際の喪失利益や収益減少防止費用

②天候デリバティブによる補償の具体例

・予め契約に定めた期間内に、予め契約で定められた観測地点において、累計日照時間が免責数値を下回った場合

---

(5) 天候リスクの定量化

　天候デリバティブの原資産となる天候リスクは、気温、降雨、降雪、霰、日照、風量等、さまざまに亘っていますが、そうした天候リスクを天候デリバティブの原資産とするには、いくつかの定量化の手法があります。

❶ 数値を平均する方法

　ある数値の水準を定め、一定の期間、毎日数値を取りそれを平均して、そ

の数値が予め定めておいた水準を超えたか、または下回ったかをみる方法です。この方法は、気温や湿度を原資産とした時によく用いられます。

　また、一定の期間ではなく、特定の1日だけの降雨や気温等を対象とした取引もみられます。この方法は、単一の日にイベントが予定されている場合の興業収入減をヘッジするニーズを汲んだ天候デリバティブ取引のケースでみられます。

❷ 数値を合計する方法

　ある数値の水準を定め、一定の期間、毎日数値を取りそれを累計して、その数値が予め定めておいた水準を超えたか、または下回ったかをみる方法です。この方法は、降雨量、降雪量、日照時間等を原資産とした時によく用いられます。

　例えば、スキー会社が予め特定した場所において冬季の一定期間において毎日観測した降雪量の累計が予め決めておいた水準を下回った場合に支払いを受けることにより、小雪による来客数の減少に伴う営業収入減のリスクをヘッジするといったケースがみられます。

❸ 日数を計算する方法

　ある日数の水準を定め、一定の期間、1日の数値が予め定めておいた水準を超えた、または下回った日数を累計して、その日数が予め定めておいた日数を超えたか、または下回ったかをみる方法です。この方法も、降雨量、降雪量、日照時間等を原資産とした時によく用いられます。

　例えば、アウトドアー型のレジャーランドにおいて行楽のピークシーズンの2ヶ月間、1日の降雨量が予め定めておいた水準を超えた日数を累計します。そして、その日数が予め定めておいた水準を超えた場合に、その日数に応じ、レジャーランドが支払いを受けることにより、降雨による来客数の減少に伴う営業収入減のリスクをヘッジするといったケースがみられます。

❹ 同一の天候リスクの複数の数値を原資産とする方法

　ある数値の水準を定め、天候リスクの数値を採取する複数の場所を選択し

て、その複数の場所における数値の加重平均値等が、予め定めておいた水準を超えた、または下回ったかをみる方法です。

　この方法は、1つの企業の営業拠点が複数に亘っており、営業拠点ごとに天候リスクが表面化する度合いが異なる可能性がある場合等に使用されます。

　例えば、清涼飲料の販売業者のように販売拠点が多くの地域に亘っている場合には、複数の地点の気温を各地域の売上高等で加重平均した値を取って、これを基準値と比較して、支払いを受けるといったケースがみられます。具体的には、夏の飲料水の売行きについて、東京、大阪、名古屋等の大都市の気温の各平均を算出して、それを当該地域の清涼飲料水の売上高により加重平均した値が基準値を下回ったときにその幅によって受取額が決まるといった内容の天候デリバティブがこれに該当します。

❺ 複数の異種類の天候リスクの数値を原資産とする方法

　複数の天候リスクを選択して、異なる種類の天候リスクの数値を指数化、一定の期間の実績がその指数を超えたか、または下回ったかをみる方法です。

　例えば、農業関係のユーザーのニーズを汲み取った気温と日照時間と湿度を組み合わせた指数を対象とする天候デリバティブがみられます。

❻ HDD、CDD

i　華氏65度が基準

　天候デリバティブは、気温だけではなく、天候がもたらすいろいろな現象が原資産となりますが、米国においては、天候デリバティブの大半がエネルギー産業をエンドユーザーとする気温を原資産とする内容となっています。従って、米国で天候デリバティブというと、気温デリバティブを指すのが一般的です。

　米国の電力、ガス事業等のエネルギー業界では、伝統的に華氏65度（摂氏18.33度）を暖房と冷房の分かれ目の基準としていて、華氏65度を大きく下回ると暖房のための電力需要が増加し、逆に華氏65度を大きく上回ると冷房のための電力需要が増加するとみています。

　これは、昔、暖炉に火を入れるのがその辺の温度であったからといわれて

いますが、現在でも電力、ガス等の事業では、華氏65度から気温がどれだけ乖離するかを、需要予測のメルクマールとして使用しています。

ⅱ　HDD、CDDのコンセプト

　暖房を要する度合い、つまり寒さの度合いをHDD（Heating Degree Day）で表します。このHDDは、気温の絶対値ではなく、華氏65度から日々の平均気温（日々の最高気温と最低気温の平均）を引いた差となります。

　例：ある日の最高気温が50度、最低気温が30度とするとその日の平均気温は40度となり、HDDは、（65 − 40 ＝）25となります。このHDDがマイナスの場合にはゼロとします。例えば、別の日の気温が最高77度、最低57度とすると平均気温は67度、従ってHDDは、[65 − 67 ＝ −2] でゼロとなります。

　一方、冷房を要する度合い、つまり暑さの度合いをCDD（Cooling Degree Day）で表します。このCDDも、気温の絶対値ではなく、日々の平均気温から65度を引いた差となります。

　例：ある日の最高気温が80度、最低気温が70度とするとその日の平均気温は75度となり、CDDは、[75 − 65 ＝ 10] となります。このCDDが計算の結果マイナスの場合にはゼロとします。例えば、別の日の気温が最高71度、最低57度とすると平均気温は64度、従ってCDDは、[64 − 65 ＝ −1] でゼロとなります。

　以上を算式にすると次のようになります。

デイリーHDD ＝ MAX（0、65 −（1日の最高気温＋最低気温）÷ 2）
デイリーCDD ＝ MAX（0、（1日の最高気温＋最低気温）÷ 2 − 65）

　これを一定期間に亘って累計すると、次の算式となります。

期間HDD ＝ Σ デイリーHDD
期間CDD ＝ Σ デイリーCDD

　後述のように、CMEでは、期間HDDや期間CDDを対象とした天候デリバティブを上場、取引しています。一方、OTCの天候デリバティブ取引では、

必ずしも華氏65度を基準温度とする必要はなく、当事者のニーズ次第で基準温度を自由に設定することができます。

　また、一般的にHDDは11月から3月まで、CDDは5月から10月までで、4月と10月は端境月（shoulder month）と呼ばれています。

　米国では、国立気象局天候予測センター（The National Weather Service）が、全米各地のHDDとCDDの実績値を計測して、公表しています。

ⅲ　天候デリバティブのペイオフ

　天候デリバティブのペイオフは、OTC取引の場合、1日当たりのHDDまたはCDDを一定期間、累計した数字を各々HDD指数、CDD指数の実績として、これと当事者が事前に決めておいたHDD指数、CDD指数とを比較して、その差に想定元本に相当する1HDD、または1CDD当たりの金額を乗じた金額を受払いすることが一般的です。

　HDDまたはCDDを累計する対象になる一定期間は、当事者間で自由に決めますが、多くのケースでは1ヶ月単位とか、冬季、夏季とされます。また、1HDDまたは1CDD当たりの金額であるDDV（Degree Day Value, DDV）も当事者間で決めます。これは、1HDDまたは1CDDに乗数（マルチプライヤー）であるDDVを掛ける形で金額表示をします。このように、天候デリバティブは、仕組みが簡単なもので、いかなる企業も利用しやすい内容に設計されています。

ⅳ　天候デリバティブの具体例

　天候デリバティブには、取引所上場商品もありますが、これをOTCで取引する場合には、対象期間を設定する必要があります。

　次にペイオフを決めることとなりますが、それには基準温度を設定してそれを上回った場合、ないし下回った場合にペイオフが発生するようにします。

　この基準温度は、65度にすることもそれ以外にすることも当事者の自由です。そして、1CDD、または1HDD当たりどのくらいの金額が受払いされるのかのDDVは、ヘッジする収入金額などに照らして決定します。

CASE STUDY

👉 暖冬によるガス需要の減少をヘッジ

いま、あるガス会社が、翌年1～2月の暖冬による需要の減少を懸念しています。そこで、このガス会社は、天候デリバティブのディーラーとの間で、HDDをベースにした天候デリバティブを締結しました。

その内容は、1～2月の間のHDDの累計であるHDD指数が、1,000を下回った場合には、その指数にDDVの3千ドルを掛けた額をガス会社が受け取るというものです。ガス会社は、ディーラーに対してプレミアムとして1万ドルを支払います。

その冬の1月は、ガス会社の予想通りの暖冬となり、HDD指数の実績値は950となりました。この結果、ガス会社は、〔1,000 - 950〕×3千ドル＝15万ドルを受け取ることとなります。そして、ガス会社のネット収入は、15万ドルからプレミアム1万ドルを引いた14万ドルとなります。

逆に、ガス会社の見通しに反して平年通りの寒さが到来した場合には、ディーラーに対して支払ったプレミアム1万ドルが損失となりますが、暖房用ガスの売上が平年通りとなり、ガス会社の本業の収入は確保できることになります。

(6) 米国の天候デリバティブ

米国商務省によれば、天候リスクは、電力、天然ガス等のエネルギー業、農業、航空、旅行、レクリェーション業、建設業等の製造・販売業者等、広範に亘るビジネスに大きな影響を及ぼしており、とりわけ電力、天然ガスといったエネルギー商品の需要は、気温リスクの影響を直接に受けるとしています[13]。

実際にも、米国の天候デリバティブは、こうしたエネルギー業界のニーズを汲みあげる形で発展を遂げました。

❶ 天候デリバティブ取引の芽生え

1996年、エネルギー総合会社のアキラエナジー社（Aquila Energy）とエジソン社（Edison Co.）との間で、電力の売買契約のなかに天候デリバティブ

201

が組み込まれた取引が行われました。

　この取引は、アキラエナジー社が設計、開発したもので、エジソン社がアキラエナジー社から電力を購入する契約のなかに、冷夏の場合には電力購入代金を割り引く条件が付されたものであり、気温リスクのヘッジを目的とした天候デリバティブの原型ということができます。なお、この気温リスクの計測場所はニューヨークのセントラルパークでした[14]。

❷ エンロン社の天候デリバティブ

　1997年、エネルギー総合会社のエンロン社（Enron）が開発・提供して、それにコーク社（Koch）が応じて、天候デリバティブ第1号というべき取引が行われました。

　この天候デリバティブ取引は、気温リスクを対象としたもので、ミルウォーキーとウイスコンシンの温度を指数として、冬季の気温が予め定めた気温から1度下回ればエンロン社がコーク社に対して1万ドルを支払い、逆に1度上回ればコーク社がエンロン社に1万ドルを支払うことを内容とする気温デリバティブです。

　そして、両社の間で天候デリバティブが取引された直後の冬季に、米国はエルニーニョの影響から記録的な暖冬に見舞われ、多くの企業が甚大な打撃を被り、これを契機として天候デリバティブの取引が急速に普及することとなりました。

　また、エンロン社は、降雪量を原資産とする天候デリバティブを開発して、カナダのコングロマリットであるボンバルディア社（Bombardier）との間で取引を行っています。ボンバルディア社は、1936年にスノーモービルの製造、販売を始め、その後、鉄道、航空機の製造等に発展した大企業です。同社では、1999年、スノーモービルの買い手に、降雪量が過去3年間の平均の半分に達しない場合には1千ドルのリベートを支払うインセンティブ付きの拡販策を講じました。そして、降雪量が少なくリベート支払が現実化した場合のリスクヘッジを目的に、エンロン社との間で次の内容の天候デリバティブを締結しました。

・積雪量の観測期間：1999年11月～2000年3月

・積雪量の観測地点：ミネアポリス国際空港
・ペイオフ：累積積雪量が19.4インチを下回った場合には、販売したスノーモービル1台につき1千ドルをエンロン社がボンバーディア社に支払う。
・キャップ（コラム参照）：1百万ドル

　しかし、その冬の降雪量は平年並みとなり、ボンバルディア社からスノーモービル購入者へのリベートの支払いもエンロン社からボンバルディア社への支払いも発生しない結果となりました。

　なお、エンロン社は不正会計処理等が原因で2001年に破綻しましたが、エンロン社が開発した天候デリバティブは、OTCのみならず取引所上場の天候デリバティブ取引の活発化という形で発展することとなりました。

コラム 🌲 **キャップ**

　天候デリバティブの受払い額には上限が設けられるのが一般的で、これを「キャップ」（cap）と呼んでいます。

　天候デリバティブの場合には、キャップを付けないと、仮にとてつもない天候異常が発生した場合には、受払い金額が莫大なものとなってしまいます。

　そうなると、リスクの引き受け手が尻込みして取引を控えるか、もしくはプレミアムを思い切り高くする等の防衛策をとることになり、そもそも取引自体が成立しにくくなります。

　こうしたことを避けるために、通常、天候デリバティブにはキャップが付けられて受払い額の上限が設定されます。

---

❸ 天候デリバティブ取引発達の背景

　米国で天候デリバティブ取引が発達した背景には、1990年代央の規制緩和によるエネルギー産業の自由化といった要因があります。すなわち、それまで電力・ガス会社が抱える天候リスクは、規制の傘の下で独占的な事業環境に吸収されてきましたが、エネルギー産業の規制緩和・自由化により、多く

のエネルギー企業は発電事業と送電事業を分離する等、電力の独占体制は大きな変革を辿ることとなりました。

そして、家庭用、商業用のエネルギーを生産、販売する企業が続々と新規参入して、卸売マーケットで厳しい競争が展開されました。こうしたエネルギー業界を巡る大きな環境変化により、天候リスクはエネルギー産業に関わるさまざまな企業の収益に直接影響を与えることとなりました。

そして、「リスクのあるところ、デリバティブのニーズあり」との原則どおり、エネルギー産業に属する各企業は、リスクヘッジ対策として天候デリバティブ取引を活発に行う展開となりました。

こうした天候デリバティブ取引活発化の背景には、エネルギー産業の自由化といった要因に加えて、デリバティブが価格のヘッジのみならず量のヘッジに活用できるという理由があります。

発電に使用される燃料の価格変動リスクは、従来から取引されてきた先物、オプション等を活用してヘッジすることができますが、電力需要量に甚大な影響を与える天候リスク自体についてはヘッジする手段が存在しませんでした。従って、エネルギーに関わる企業は、最終ユーザーの電力消費量を大きく左右する天候リスク自体を原資産とする先物、オプション等が必要となりました。

このように、量自体の変化を対象とする新たなヘッジツールである天候デリバティブは、それがマーケットに登場して以来、急速な発展を遂げました。

❹ CMEの天候デリバティブ

多くのデリバティブ取引は、当初は当事者間が相対で行うOTC取引で行われ、その後、取引が活発化するにつれて、OTC取引に加えて取引所取引が行われるようになるとの過程を経てきましたが、天候デリバティブもその埒外ではなくこのような発展過程を辿りました。

すなわち、米国における天候デリバティブは、当初は天候リスクのヘッジャーとなる企業と天候リスクテイカーとなる損害保険会社や銀行等の金融機関との間で相対取引の形で行われていました。

こうしたなかで、1997年のエルニーニョによる記録的な暖冬を契機として

気温デリバティブの取引高が急増をみることとなり、気温リスクテイカーの損害保険会社や銀行等が抱えることになった気温リスクの規模は膨大なものとなりました。

　この結果、リスクテイカーの金融機関は、リスクの移転により自己が抱えるリスクの軽減を図るという方策をとることになりますが、そのためには、金融機関が抱えるリスクを進んでテイクしてそれによりリターンを狙う多くの投機家が参加することが必要となり、それには相対取引ではなく取引所が格好の取引場所となります。

i　HDD・CDD先物、先物オプション[15]

　1999年、CME（Chicago Mercantile Exchange、シカゴ商業取引所）は、米国10都市を対象とするHDDとCDDの先物と先物オプションを上場する認可を監督当局である商品先物取引委員会（CFTC；Commodity Futures Trading Commission）から取得しました。

　そして、現在では米国の主要13都市（注）を対象にしたHDD・CDD先物と先物オプションを上場、また、米国外では、アムステルダム、ロンドン、パリ、エッセン、東京といった海外の主要都市にも対象を拡大しています。

（注）アトランタ、シカゴ、ニューヨーク、シンシナティ、ダラス、ラスベガス、ミネアポリス、サクラメント、ポートランド、バーバンク（カリフォルニア州）、ヒューストン、フィラデルフィア、ボストン

　従って、仮にこうした都市以外の地域での気温を基準としたヘッジを行う場合にはCMEが上場対象としている都市の中からそれに1番似通った気温の都市を選択することになります。このようにヘッジ対象そのものを原資産とするヘッジ手段が存在しない場合には、ヘッジ対象になるべく近いものを選んで、それをヘッジ手段とするプロキシーヘッジ（代理ヘッジ）の手法を取ります。しかし、こうしたプロキシーヘッジ手法では、上場対象としている都市と実際にヘッジしようとしている地点の気温の間には、多かれ少なかれ差が生じるベーシスリスクを抱えることになる点に留意する必要があります。

　CMEに上場されているHDD・CDD先物と先物オプションの取引量、建玉（未決済残高）ともに、気温不順からくる市場参加者のリスクマネジ

メントの重要性の高まりを映じて逐年増加し、その増加トレンドは加速している状況にあります（図表7）。

　CMEに上場されている米国の主要都市を対象にしたHDD・CDD先物と先物オプションの取引対象は、日々のHDD、CDDの値を1カ月間合計したHDD指数、CDD指数で、その乗数は20ドルに設定されています。したがってHDD、CDD指数の1単位に20ドルを掛けた金額が先物の元本となります。

　例えば、ある月の日数が31日であり、31日すべての日の平均気温（最高気温と最低気温の平均）が華氏45度であったという単純化した例でみると、HDDは65－45＝20となり、その月のHDD指数は、20HDD×31日＝620HDDと算出されます。

　そして、この値に乗数20ドルをかけた12,400ドル（620×20ドル）が、HDD先物1単位の元本となります。

　CMEのHDD先物・先物オプションの限月は10〜4月、CDD先物の限月は4〜10月の各々7連続月が上場されています。

　また、欧州を対象とする商品の通貨建てと1単位の乗数は、ユーロ・英ポンドで各々20倍となっています[16]。

　なお、欧州のOTC取引ではCDDが使われていないことから、CME上場の欧州の夏季の天候デリバティブについては累積平均気温（CAT；cumulative average temperature）の指数を取ることとしています。

【図表5】CMEのCDD先物、先物オプション

項　目	先　物	ヨーロピアンオプション[(注)]
取引単位	Degree Days（CDD）指数 × $20	―
呼び値の最小単位	指数1（＝1取引単位当たり $20）	同左
限月	5、6、7、8、9と10、4月	CDD：5、6、7、8、9と10、4月
決済	現金決済	先物オプション：Degree Days（CDD）指数先物1単位

（注）権利行使日（満期日）のみ権利行使できるオプション
（出所）CME資料

　一方、日本の取引当事者の間ではHDD指数、CDD指数や華氏温度という
コンセプトになじみが薄いことから、東京を対象とする先物・先物オプショ
ンは、HDD指数、CDD指数に代えて、すべての限月において日々の平均気
温（摂氏）を1か月分累積させる累積平均温度（CAT）を原資産としており、
その乗数は2,500円としています。

　例えば、1か月の日数が30日の月で東京の平均気温が月の前半15日間は10
℃で後半15日間は20℃であったとします。

　累積平均温度（CAT）＝（15日×10）＋（15日×20）＝450

　CMEの先物価格＝450×¥2,500＝¥1,125,000

ⅱ　シーズナル・ストリップ

　シーズナル・ストリップは、季節の2ヶ月連続から7ヶ月連続の期間のうち、
市場参加者のニーズに見合った期間を選んで、そのHDDやCDDの累積値を
取引対象とする先物・先物オプションです。

　市場参加者には、ヘッジ期間が単月ではなく何カ月かに亘る暖房シーズン
や冷房シーズン全体を一括してヘッジするニーズを持つケースが少なくあり
ません。月単位の商品では、そうした場合にはいくつかの限月を連続させて

【図表6】CMEのCDDシーズナル・ストリップ
（Strip Weather Cooling Degree Day、CDD）

項　　目	先　　物	ヨーロピアンオプション[注]
取引単位	Seasonal Strip Degree Days (CDD)指数×＄20	―
呼び値の最小単位	指数1（＝1取引単位当たり＄20	同左
限月	CDD：7〜8月、5〜9月	CDD：4〜10月の連続2〜7限月
決済	現金決済	先物オプション：Seasonal Strip Weather Cooling Degree Day（CDD）1単位

（注）権利行使日（満期日）のみ権利行使できるオプション

（出所）CME資料

取引を行う必要がありますが、単一の取引でそのようなニーズを満たすことができるように、シーズナル・ストリップが上場されています。

ⅲ　HDD・CDD先物、先物オプション取引状況

　天候リスクに対する企業、ヘッジファンド、アセットマネジャー等の関心の高まりを反映してCMEの天候関連先物やオプションの取引高、建玉ともに増加をみています[17]。

【図表7】CMEのCDD・HDD先物・オプションの建玉推移

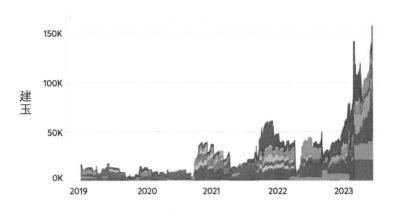

（出所）Emily Balsamo、Anne Krema "CME Group Weather Suite Expanded" CME 2023.6.26

　すなわち、CMEの天候デリバティブマーケットでは、保険・再保険会社や大手エネルギー会社に加えて、天然ガス、石炭等の燃料供給会社、プロパンガス配達業者、果樹栽培業者、スキーリゾート会社、旅行業者、レストラン経営者、除雪作業を担う地方自治体等が、リスクヘッジのために取引を行っています。

　そして、このカウンターパーティとなる市場参加者として、ヘッジファンド、年金基金等の投資家がヘッジャーのニーズを汲み取るリスクテイカーとなっています。こうした投資家の取引動機にはオルタナティブ投資の1つとして天候デリバティブを積極的にポートフォリオに組入れる狙いもあります。

　以下では、エネルギー、小売業者、農業関係のユーザーの取引状況をみます[18]。

a. エネルギー関連

　電力等のエネルギー関連企業は、暖冬や冷夏による減収リスクをヘッジする目的でHDDやCDDの売り手（ショートポジション）として市場参加しています。

　一方、自動車メーカーや大規模マンションの運営主体等、大量の電力ユーザーは、厳寒や猛暑による電力料金値上がりをヘッジする目的でHDDやCDDの買い手（ロングポジション）として市場参加しています。

　電力会社の取引のケースをCMEが提示するサンプルに沿ってCDDとHDDについてみると次のとおりです。

(a) CDDのケース[19]

　ボストン地区に電力を供給しているCoolco電力会社は、夏季において$0.26/Kilowatt hour（kWh）で電力を販売しています。

　平年の夏季であれば、Coolco電力会社は、7月中、2億kWhの売上で52百万ドルの収入を予想することができます。しかし、Coolco電力会社は来る夏は平年よりも気温が低い冷夏となり、つれてエアコンの電力需要は落ちることを危惧しています。

　そこで、Coolco電力会社は、デリバティブを使って収入減をヘッジすることにしました。それには、予想される収入減（ΔRevenues）と取引対象の先物の価格変化（ΔValue of Futures）とをバランスさせる必要があります。

　こうした量的な関係を予測するには、収入と天候状況との統計による回帰が役に立ちます。

　ヒストリカルな回帰では、Coolco電力会社の売上はCMEのBoston CDD指数と相関係数0.65で正相関しています。これは、CDD1％の変化は、Coolco電力会社の52百万ドルの収入に0.65％の変化をもたらすことを意味します。

　そこで、CMEの先物をみると400で取引されています。したがって、ヘッジ・レシオは次のように算出されます。

ヘッジ・レシオ＝ΔRevenues ÷ ΔValue of Futures

＝（$52,000,000 × 0.65%）÷（400 × $20 × 1%）＝4,225枚

これにより、Coolco電力会社は7月中に予想される冷夏による売上減リスクをヘッジするために4,225枚の先物を売ることになりました。

さて、7月のボストンの平均気温は華氏77°と予想された平均気温の78°よりも1°低い結果となりました。

また、7月のBoston CDD指数は、予想された400よりも7%低い372となりました。

このCDD指数の28の下落は、Coolco電力会社の電力売上が2億kWhから190.9百万kWhへ、49,634,000ドル（$0.26/kWh × 190,900,000kWh）となることを意味します。すなわち、売上が2.37百万ドル減となりますが、この減少は、先物があげる利益で相殺されることになります。

（b）HDDのケース[20]

ABC電力会社は、シカゴ地域に0.08ドル/kWhで電力を供給しています。例年の冬季は、10億kWhを供給して、8千万ドルの収入を得てきました。しかし、ABC社は来る冬はエルニーニョ現象から暖冬になり、電力消費が落ちて減収になる恐れがあると予想しました。

そこで、ABC社は、CMEのHDDを使ってヘッジ取引を行うことにして、その前提として、電力需要量が気温リスクにどのように反応するかの感応度分析を実施しました。

具体的には、ABC社の過去の電力売上高とHDDの先物価格のデータを回帰することによって電力売上高の変化とHDDの先物価格の変化の相関係数を導出して、ヘッジ取引に必要となるHDDの単位数を示すヘッジ比率が明らかとなります。

それによると、ABC社の売上高とシカゴ地区のHDD指数との間の相関係数は0.80となり、HDD指数が1%下落した場合には、ABC社の売上高は0.80%減少することが予想されます。

こうした状況下、CMEのHDD指数先物価格が1,250の相場を付けているとすると、ヘッジ比率は次のように計算されます。

ヘッジ比率＝△売上高÷△先物価格＝（8千万ドル×0.8%）÷（1,250×20ドル×1%）＝先物2,560単位

そこで、ABC社は先行きの暖冬による収入減をヘッジする目的で2,560単位の先物を売る取引を行います。

その冬はABC社の予想した通り暖冬となりHDD指数は当初の1,250から1,150に下落しました。HDD指数の100ポイントの下落により、ABC社の電力供給は10億kWhから936百万kWhに減少して、それに伴い収入は7,488万ドル（0.08ドル/kWh×936百万kWh）にとどまりました。これは、通常の冬季に比べると512万ドルの減収ですが、この減収は先物取引による利益512万ドル（2,560単位×20ドル×（1,250－1,150））で相殺されることとなります。

これをより厳密にみると、この例では売上高と温度は線形の関係にあることを前提としていますが、実際にはHDDが下落（上昇）するとエネルギー需要が幾何級数的に減少（増加）する可能性が高く、その場合には、状況の変化に応じてヘッジ比率を機動的に変更するダイナミックヘッジ戦略を取る必要があります。

b. 小売業者

気温によって売行きや来客数が大きく左右される業界は、HDDやCDD取引の活用により在庫保有を効率的にコントロールすることができます。

例えば、ビールの売れ行きは冷夏により大きな打撃を受けます。また、夏・冬用の衣料関係も気温によって売行きが大きく左右され、開放型遊園地は、一般に猛暑や厳寒の日には入場者が少なくなります。

c. 農業[21]

農業は、天候に最も影響されやすい業種の1つです。天候は、農作物の収穫高と品質の双方に影響します。また、葡萄は温度、日照、湿度、雨量といった複数の天候事情に影響されるといった特性があります。

(7) 日本の天候デリバティブ

❶ 日本の天候デリバティブ第1号

　日本の天候デリバティブ取引は、1999年に三井海上火災保険（現、三井住友海上火災保険）がスキー用品販売会社の（株）ヒマラヤ向けに積雪量を対象としたデリバティブ商品を開発、取引したのが第1号となります。これは、冬季に小雪となった場合に、ヒマラヤのスキー用品の売上げ減をヘッジすることを目的とした天候デリバティブです。

　この天候デリバティブ取引の積雪量の観測場所は、ヒマラヤのスキー用品の主力販売地区の長野と岐阜に所在するスキー場近くの3つの気象観測所とされました。また、積雪量の観測期間は、ボーナス月でスキー用品の売上げが最も多い12月の31日間に設定、したがって、観測データは3気象観測所×31日＝93日となります。

　そして、積雪量が10cm以下の日数が、75日を越えた場合には［超えた日数×一定金額］をヒマラヤが三井海上火災から受け取るという内容です。

　この天候デリバティブのペイオフは、ヒマラヤをコールオプションの買い手、三井海上火災をコールオプションの売り手とする権利行使水準75日のオプションで、ヒマラヤから三井海上火災に10百万円のプレミアム（オプション料）が支払われています。

....

コラム　🌲　天候オプションのプレミアム

　天候オプション取引における最大のポイントは、プレミアムをどのように決めるかにあります。株式を原資産とするオプションの評価モデルでは、ブラックショールズ・モデル（Black-Scholes Model）が代表的です。しかし、主として次の理由から天候オプションの評価モデルにブラックショールズ・モデルを活用することはできません。

①オプションを模倣したペイオフの構築

　ブラックショールズ・モデルでは、原資産と無リスク資産の組み合わせによりオプションと同様のペイオフを模倣することができる点が重要な前提と

なっています。しかし、天候デリバティブの場合には、気象状況をポートフォリオに組み入れてペイオフを模倣することはできません。

②原資産価格のランダムウオーク性

　ブラックショールズ・モデルは、原資産価格がランダムウオークに従い、中心回帰（mean reversion）しないことが前提となっています。しかし、たとえば気温オプションの場合にこれを適用すれば気温がとてつもなく上昇するか下落するという非現実的な事象を前提とすることになります。

③キャップ付きオプション

　天候オプションは、一般的に支払い額に上限が設定されているキャップ付きオプションとなっています。しかし、ブラックショールズ・モデルではこうした前提を置いていません。

　このように、天候オプションの評価モデルにブラックショールズ・モデルを適用することは妥当ではないことから、主として次の手法で天候オプションのプレミアムの理論値を導出するのが実践的であるとされています。

①ヒストリカルデータ法

　ヒストリカルデータ法は、天候オプションが対象とする期間について過去のデータを採り、その平均値から先行きの気象事象やその発生確率を推計し、それにより算出されたペイオフをもとにして天候オプションのプレミアムの理論値を導出する手法です。

②モンテカルロシミュレーション法

　モンテカルロシミュレーション法は、コンピュータを使用して乱数を発生させ、それにより数多くのペイオフのシナリオを作り、その平均値を現在価値に引き直すことにより天候オプションのプレミアムの理論値を導出する手法です。

❷ 日本の天候デリバティブの特徴

i　天候デリバティブの対象となる気象リスクの多様性

　米国における天候デリバティブは、エネルギー業界のヘッジ需要を背景にして、気温を原資産としたものが大半となっていますが、日本で取引されている天候デリバティブは、気温のほかに、風速、降雪、降雨、波高、湿度、日照時間等、さまざまな気象を原資産とする天候デリバティブが取引されています。

　現状、このなかで気温、降雪、降雨の天候デリバティブ取引が多いとみられますが、単独の気象条件だけではなく、例えば、台風による損害リスクをヘッジするために風速と降雨というように複数の気象条件を組み合わせた天候デリバティブも取引されています。

　また、風力発電やソーラー発電等の再生エネの生産が一段と活発化するなかで、風力や日照時間等を対象とする天候デリバティブを開発するケースもみられています。

CASE STUDY

👉　気温変化と日射量変化を取引対象とする天候デリバティブ

　電力小売事業や太陽光発電所開発・販売等を手掛ける株式会社Looopは、夏季の気温と日射量変化に伴う電力小売事業の原価増大リスク低減を目的として、三井住友海上火災保険と天候デリバティブ商品を共同開発しています[22]。

　電力事業は、気温が上昇・低下して需要が変動すると、電力市場の価格が上下し、調達単価や販売価格が変動します。また、日射量が増加・減少すると、太陽光発電の発電量が変動して、電力市場の価格が上下し、調達単価や販売価格が変動します。

　Looopと三井住友海上が共同開発した天候デリバティブ商品は、気温変化と日射量変化が収支に与える影響の分析結果に基づいて、気温と日射量の双方を指標とした設計で、各指標において予め定めた基準に対する乖離分に応じた金額を電力小売事業者が受領できる商品設計となっています。

【図表8】三井住友海上が提示する天候デリバティブによる
ヘッジ可能なリスク事例

異常気象の種類	気象指標	顧客の業種：ヘッジ対象リスク
多雨 少雨 強風 弱風	降水量 風速	建設業：工期遅延 鉱業：採掘作業の停止 小売業：来客数の減少 農業：収穫高の減少 製造業：工場の操業停止 運輸：フライトや航行のキャンセル レジャー／観光：来客数、旅行者数の減少、イベント開催の中止 発電事業：水力発電量の減少、風力発電量の減少
低温	気温	夏期（冷夏） レジャー・観光：来客数、旅行者数の減少 農業：収穫高の減少 ユーティリティ：電力販売量の減少 製造業：エアコンや扇風機の販売量減少 小売業：飲料、アイスクリーム、夏物衣料販売の減少 冬期（厳冬） レジャー・観光：来客数、旅行者数の減少 農業：収穫高の減少 ユーティリティ：需要増大による追加エネルギー購入コストの発生
高温	気温	夏期（猛暑） レジャー・観光：来客数、旅行者数の減少 畜産：猛暑による生産量の減少 ユーティリティ：需要増大による追加エネルギー購入コストの発生
		冬期（暖冬） レジャー・観光：来客数、旅行者数の減少 小売業：冬物衣料や冬物食料品の販売量減少 ユーティリティ：電力、ガス、灯油などの販売量減少

| 多雪
少雪 | 降雪量
積雪量 | 建設業：除雪作業の減少
小売業：冬物衣料の販売量、来客数の減少
レジャー・観光：スキー場等の来客数、旅行者数の減少 |
| 日照不足 | 日照時間
全天日射量 | 太陽光発電事業：発電量の減少
農業：収穫量の減少 |

(出所)三井住友海上「天候デリバティブ商品概要」

ⅱ　天候デリバティブのヘッジャーの多様性

　日本の天候デリバティブが対象とする気象は、気温以外にもさまざまな種類がありますが、これは、天候デリバティブマーケットの参加者が、エネルギー業界主体の米国と異なり、多種多様な業種から構成されていることによります。

　その主な業種をみると、電力、ガスのほか、農業、商社、百貨店、小売り、建設、製造、レジャー、風力・ソーラー発電等となります。そして、たとえばレジャーには、屋外型のテーマパーク、ライブ、スポーツ観戦、海水浴場、レジャー施設周辺のホテルが含まれます。

　また、天候デリバティブのユーザーとなる企業規模をみると中堅・中小企業が目立っており、この結果、小ロットの取引が多数を占めています。

　これには、中堅・中小企業は大企業と異なり、営業拠点が1地域に集中するとか業務の多様化に限界があることから、ビジネスのポートフォリオの分散を図って天候リスクの影響を削減、回避することが事実上難しいといった理由が存在するとみられます。

　このように、米国の天候デリバティブが少品種大量取引であるのに対して、日本の場合には多品種少量取引が主体となっていることが大きな特徴となっています。

　なお、日本の保険会社等が提供する天候デリバティブは、あくまでも天候不順リスクによって企業が被る損失を回避することを目的とする取引に限定されており、個人の利用不可、投機目的の利用不可、との条件が付いています。また、顧客の天候リスク内容を確認するため、売上高や利益、資産額等の貸借対照表や損益計算書に関するデータの提供を求める場合がある、とし

ています。

CASE STUDY

👉 猛暑による稲作不良のヘッジ

例えば、農業で猛暑の影響から稲作が不良となり農業収入の減少となるリスクをヘッジするために、図表9のような天候デリバティブを契約することができます[23]。

【図表9】猛暑による稲作不良のヘッジ例

業種	稲作
対象期間	20××年8月1日〜同年10月31日の全日
観測場所	××気象台
指数	最高気温が33℃以上となる日の合計日数
免責口数	2日
1単位の金額	最高気温が33℃以上となる日の合計日数から免責日数を引いた日数につき、1日当たり4.5百万円
受取金額上限	22.5百万円
プレミアム	3百万円

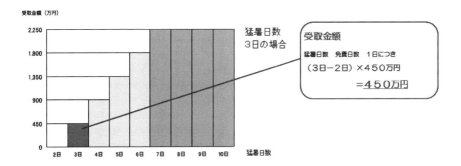

(出所)日本農業法人協会「天候リスクヘッジ制度」

❸ 商品開発とリスクテイカーとしての保険会社、銀行と販売主体

日本の天候デリバティブ取引の商品開発は、主として損害保険会社と大手銀行の手により行われており、そして、販売は商品開発主体である損害保険会社、大手銀行のほか、地方銀行、信用金庫等が担っています。

地方銀行、信用金庫等が天候デリバティブを販売する場合には、自己が取引のカウンターパーティとなるのではなく、企業と損害保険会社や大手銀行との間の仲介役となって手数料収入を得るケースが一般的です。この結果、天候デリバティブのリスクテイカーは、損害保険会社と大手銀行となります。

銀行、信用金庫等の金融機関は、融資取引等を通じて取引先企業のビジネスリスクを把握するという情報産業の性格を持っていますが、こうしたビジネスリスクには、天候リスクも含まれています。従って、金融機関は取引先企業に対して天候デリバティブ取引を提案して、取引先が天候リスクにより損失を被ることを回避するよう誘導することができ、延いては貸付債権の保全につなげることも可能となります。

とりわけ、さまざまな業種に亘る数多くの中小企業を取引先に持つ地方銀行や信用金庫では、リレーションシップバンキングの強みを生かして、経営者と一緒になって天候デリバティブの活用について検討するといったことが実践されています。

❹ OTC商品の標準化

企業の間に天候リスクマネジメントの重要性の認識が深まり、これに伴い天候デリバティブの取引が増加する過程で、ある程度の共通性を持つニーズが浮かび上がってきます。そして、保険会社等がそうしたニーズの標準化に向けた商品開発を行って顧客に提供するケースが増加してきています。

これによって、天候デリバティブの供給サイドの商品開発コストの節減やユーザーとの交渉の効率化が図られると共に、ユーザーの天候デリバティブ取引によるヘッジコストも低下して、この結果、天候デリバティブマーケットの拡大が加速する効果が期待できます。

事実、こうした標準化によって、天候デリバティブ取引を行う顧客層の裾野は、中小企業、零細企業を中心に漸次、広がりをみせています。

脚 注

序章

1 International Energy Agency "Net Zero by 2050 A Roadmap for the Global Energy Sector" Revised version (2nd revision) 2021.6

2 Karel Lannoo, Apostolos Thomadakis "Derivatives in Sustainable Finance Enabling the green transition" The European Capital Markets Institute (ECMI) 2020

3 Nick May, Nicholas Rutter "Sustainability linked derivatives" Herbert Smith Freehills 2021.3.11

4 *op.cit. 2*

5 *op.cit. 3*

6 *Ibid.*

7 Lynn Strongin Dodds "ESG Derivatives: A Slow Greening of the Market" 2021.7.13

第1章

1 経済産業省「ビヨンド・ゼロ実現までのロードマップ革新的環境イノベーション CCUS技術とは」

2 Karel Lannoo Apostolos Thomadakis "Derivatives in Sustainable Finance Enabling the green transition" The European Capital Markets Institute CEPSECMI Study, Centre for European Policy Studies" 2020

第2章

1 Nick May, Nicholas Rutter "Sustainability linked derivatives" Herbert Smith Freehills 2021.3.11

2 International Capital Market Association "Green Bond Principles Voluntary Process Guidelines for Issuing Green Bonds" 2021.6

3 *Ibid.*

4 ISDA "Overview of ESG-related Derivatives Products and Transactions" 2021.1

5 *op.cit. 1*

6 BDO UK "ESG Derivatives: a new way to promote sustainability" 2021.10.22, Karel Lannoo, Apostolos Thomadakis "Derivatives in Sustainable Finance Enabling the green transition" The European Capital Markets Institute (ECMI) 2020

7 ING "Introducing the world's first sustainability improvement derivative" 2019.8.13

8 *Ibid.*

9 ISDA "Sustainability-linked Derivatives: KPI Guidelines" 2021.9

10 Marie Kemplay "Sustainability-linked derivatives markets primed for growth" Sustainable Views 2022.1.12

11 *op.cit. 6*

12 *op.cit. 1*

13 金融庁「資産運用業高度化プログレスレポート 2022」2022.5

14 金融庁「ESG 投信に関する「金融商品取引業者等向けの総合的な監督指針」の一部改正（案）に対するパブリックコメントの結果等について」2023.3.31

15 ISDA "Regulatory Considerations for Sustainability-linked Derivatives" 2021.12.1

16 Siemens Gamesa "Siemens Gamesa pioneers the green foreign exchange hedging market" 2019.10.30

17 *op.cit. 9*

18 *Ibid.*

19 *Ibid.*

20 Alex Krohn "Ethical derivatives strive to win over sceptics" Risk.net 2021.9.20

21 環境省、経済産業省「排出量算定について」、環境省・みずほリサーチ＆テクノロジーズ「サプライチェーン排出量の算定と削減に向けて」

22 Olga Roman "Innovating in ESG Derivatives" ISDA 2021.4.16

23 Credit Agricole CIB "Crédit Agricole CIB innovates-bringing the First Green Interest Rate Swaps to the Asia-Pacific Capital Markets" 2020.11.23

24 LEED "LEED rating system"

25 DBS "New World Development Joins Forces with DBS Hong Kong to Pioneer Hong Kong's First Interest Rate Swap Linked to the United Nations Sustainable Development Goals" 2020.11.30

26 APLMA, LMA, LSTA "Guidance on Sustainability Linked Loan Principles", "Sustainability Linked Loan Principles" 2023.2

27 環境省「サステナビリティリンク・ローン原則」グリーンファイナンスポータル

28 環境省「グリーンボンドガイドライン及びサステナビリティ・リンク・ボンドガイドライン 2022 年版」、「グリーンローン及びサステナビリティ・リンク・ローンガイドライン 2022 年版の公表について」2022.7.5

29 Enel "Enel Launches The World's First General Purpose SDG Linked Bond" 2019.9

30 Société Générale "Enel Electrifies Sustainability Market with Inaugural Green-Linked Bond and Swap" 2019.9.19

31 Hysan Development "Hysan announces the first-ever sustainability-linked derivative hedging solution from a Hong Kong company" 2020.10.20, Hong Kong Exchanges and Clearing "First ESG-linked rates derivative in Asia" 2020.12

32 三井住友信託銀行「サステナビリティリンク・デリバティブの契約締結について（株式会社アシックス）」2021.8.6、アシックス「日本の一般事業会社で初「サステナビリティリンク・デリバティブ」を締結」2021.8.6

33 アシックス「アシックスがCDP「サプライヤー・エンゲージメント評価」において4年連続で最高評価を獲得」2023.3.15

34 一般社団法人環境金融研究機構「三井住友信託銀行、サステナビリティリンク・デリバティブ（SLD：為替予約）契約を、スポーツ製品大手のアシックスに提供。サプライチェーンのScope3の改善を目指す」2021.8.6

35 CDP「スコアリングイントロダクション2022」2022.3.11

36 CDP「CDP2023サプライヤー・エンゲージメント評価イントロダクションCDP気候変動プログラム2023」2023.6.12

37 Deutsche Bank "Deutsche Bank and Olam International close Asia's first FX Forward using ESG performance targets" 2020.6.25

38 Primetals Technologies "Deutsche Bank draws up The World's First ESG FX Derivative Framework Agreement for Primetals Technologies" 2020.11.5

39 Deutsche Bank "Deutsche Bank executes world's first green hedge with Continuum" 2021.3.16

40 Cicero Green "Continuum Green Energy Addendum: Second Opinion on Green Bond Hedge" 2021.2.25

41 広島銀行「サステナビリティリンク・デリバティブの取扱開始について」2022.3.29

42 *op.cit. 9*

43 CME Group "CME Group Launches First-Ever Sustainable Derivatives Clearing Service" 2021.9.19

44 ISDA "The Way Forward For Sustainability-linked Derivatives" 2022.11

45 ISDA "FinancingaU.S. Transition toaSustainable Low-Carbon Economy" 2021.2.18

46 Regulation Asia "Green Derivatives may be Ripe for Standardisation" 2022.11.28

47 *op.cit. 44*

48 *Ibid.*

第3章

1 Tatsuyoshi Okimoto, Sumiko Takaoka "Credit Default Swaps and Corporate Carbon Emissions in Japan" RIETI Discussion Paper 2022.10

2 沖本竜義「炭素排出量の金融市場における評価」Research Digest No.0142経済産業研究所

3 Julian Kolbel, Markus Leippold、Jordy Rillaerts, Qian Wang "Does the CDS market reflect regulatory climate risk disclosures?" SSRN 2020.6.2

4 Alexander Blasberg, Rüdiger Kiesel, Luca Taschini "Carbon default swap-disentangling the exposure to carbon risk through CDS" The Centre for Climate Change Economics and Policy (CCCEP)、The Grantham Research Institute on Climate Change and the Environment 2023.1

5 *Ibid.*

6 国連環境計画・金融イニシアティブ（UNEP FI)、国連グローバル・コンパクト「責任投資原則2021」

7 前掲2

8 同上

9 Florian Barth、Benjamin Hübel、Hendrik Scholz "ESG and corporate credit spreads" EconPapers、Örebro University School of Business 2019.7

10 Giese, G., L.-E. Lee, D. Melas, Z. Nagy, and L. Nishikawa. "Foundations of ESG Investing: How ESG Affects Equity Valuation, Risk and Performance." The Journal of Portfolio Management 2019

11 Bolton, P. and M. Kacperczyk "Do investors care about carbon risk?", Journal of Financial Economics2021, "Global Pricing of Carbon-Transition Risk." SSRN2021、石島博、伊藤隆敏、前田章、真鍋友則「負のカーボンリスクプレミアム」JAREFE日本不動産金融工学学会 2021.9.24

12 石島博、伊藤隆敏、前田章、真鍋友則「負のカーボンリスクプレミアム」JAREFE日本不動産金融工学学会 2021.9.24

13 Rohit Mendiratta, Hitendra D. Varsani, Guido Giese "How ESG Affected Corporate Credit Risk and Performance" MSCI The journal of impact & ESGinvesting 2021 winter

14 IHS Markit "iTraxx MSCI ESG Screened Europe Index Rules" 2020.3 "iTraxx MSCI ESG Screened Europe Index Provisional Methodology "2020

15 Andrew Eve "You can trade ESG credit default swaps later this month: 3 implications for all investors" Bond Vigilantes 2020.6.5

16 Srichandra Masabathula "First of its kind ESG Index-iTraxx MSCI ESG Screened Europe Index" S&PDowJohnsIndices 2020.5.12, Katie Linsell, Alastair Marsh" Goldman, JPMorgan Among Banks Trading New ESG Credit Swaps Gauge" Bloomberg News 2020.6.25

17 Marketsmedia "CDSClear Goes Live Clearing New ESG Index Series" 2020.9.25

第4章

1 Olga Roman "Innovating in ESG Derivatives" ESGInvestor 2021.4.16

2 EUREX "Derivatives markets 2022 Focus: Sustainability & investing" 2022.6

3 *Ibid.*

4 *Ibid.*

5 Siobhan Cleary et al. "How derivatives exchanges can promote sustainable development" the United Nations Sustainable Stock Exchanges (SSE) , the World Federation of Exchanges (WFE) 2021.5

6 *Ibid.*

7 *Ibid.*

8 The Global Sustainable Investment Alliance (GSIA) "the Global Sustainable Investment Review 2018" 2018

9 EUREX "Derivatives markets 2022 Focus: Sustainability& investing" 2022.6, Lynn Strongin Dodds "ESG Derivatives: A Slow Greening of the Market" 2021.7.13

10 Eurex "ESG Derivatives"

11 Eurex "Integrating ESG into Fixed Income Investing"

12 ICE "ICE MSCI Climate & ESG Index Derivatives"

13 CME "ESG Solutions"

14 UN Global Compact「グローバルコンパクト・ネットワーク・ジャパン」

15 Cboe "S&P 500 ESG Index Options Product Specifications"

16 大阪取引所「大阪取引所における新商品の取引開始について」2023.5.29

第5章

1 ISDA "Role of Derivatives in Carbon Markets" 2021.9

2 ISDA "Overview of ESG-related Derivatives Products and Transactions"

3 磯部昌吾「排出権取引をビジネス化する欧州金融業界」野村サステナビリティクォータリー2022winter

4 RGGI "Annual Report on The Market for RGGI CO₂Allowances: 2022" 2023.4、経済産業省「主要排出量取引制度の概要」

5 環境省「中国排出量取引制度の概要」2012.10.25

6 王婷「中国の全国統一炭素排出権取引市場が始動」日本総研 2021.7.27

7 環境省「韓国温室効果ガス排出権取引制度の概要」2013.1.10

8 東京都「排出量取引 〜埼玉連携クレジット〜」、埼玉県「排出量取引制度で東京都と連携協定を締結しました」2010.9.17

9 Monty HOST Hobbs "Private Sector Voluntary Carbon Markets Taskforce Established to Help Meet Climate Goals" 2020.9.2

10 経済産業省「カーボン・クレジット・レポート」カーボン・ニュートラルの実現に向けたカーボン・クレジットの適切な活用のための環境整備に関する検討会 2022 .6

11 同上

12 The London Stock Exchange "Voluntary Carbon Market" 2022.10

13 "Climate Impact X（CIX）"

14 前掲10

15 経済産業省「カーボン・クレジット・レポート及び本年9月から実施するカーボン・クレジット市場の実証事業に係る制度骨子が公表されました」2022.6.28

16 SBIホールディングス、アスエネ「CO₂排出量見える化・削減・報告クラウドサービスSBIホールディングスとアスエネが新会社「Carbon EX」を共同設立」2023.6.8、「SBIホールディングスとアスエネの合弁会社 Carbon EX による カーボン・クレジット・排出権取引所のサービス開始のお知らせ」2023.10.4

17 Carbon EX「Carbon EXを通じて世界最大級の実績を有するカーボン・クレジット格付けを提供」2023.10.4

18 資源エネルギー庁「2018年5月から始まる「非化石証書」で、CO₂フリーの電気の購入も可能に？」2018.5.11

19 前掲1、2

20 Dwijen Gandhi "ICE Carbon Futures Index Family" ICE 2022.8

21 前掲2

22 前掲1

23 Karsten Neuhoff, Anne Schopp et al. "Banking of surplus emissions allowances" Deutsches Institut für Wirtschaftsforschung 2012.3.8

24 Karsten Neuhoff et al. "Banking of surplus emissions allowances" Discussion Papers DIW Berlin 2012.3.8

25 環境省「カーボン・オフセットガイドライン Ver.2.0」2021.3.19

26　環境省「我が国におけるカーボン・オフセットのあり方について（指針）第3版」

27　東証「カーボン・クレジット市場オンライン説明会FAQ」2023.7下旬〜8初

28　経済産業省産業技術環境局 環境経済室「GXリーグについて」2022.4.27

29　前掲1

第6章

1　Olga Roman "Innovating in ESG Derivatives" ESGInvestor 2021.4.16

2　ISDA "Energy Security and the Road to Net Zero: the Role of the Derivatives Market" 2023.5

3　ISDA "Overview of ESG-related Derivatives Products and Transactions", Olga Roman "Innovating in ESG Derivatives" ESGInvestor 2021.4.16

4　石田雅也「コーポレートPPA実践ガイドブック」自然エネルギー財団 2020.9

5　環境省・みずほリサーチ＆テクノロジーズ「オフサイトコーポレートPPAについて」2022.3

6　中部電力、Looop、イオンモール「イオンモールへの太陽光発電による自家消費サービスの提供について」2020.3.5

7　NTTアノードエナジー、セブン＆アイグループ「グリーン電力の調達に有力な選択肢-供給量・供給先を柔軟に対応 オフサイトPPA」

8　前掲5

9　金子憲治「PPAは最終的にはバーチャル型に移行へ、中山・京大特定講師」メガソーラービジネス 2020.10.22

10　同上

11　Environmental Protection Agency "Financial PPA"

12　前掲9

13　前掲5

14　Environmental Protection Agency "Financial PPA"

15　*op.cit. 3*

16　Ivan Shumkov "Facebook contracts 100 MW of rooftop solar arrays in Singapore" Renewables Now 2020.10.5

17　Anela Dokso "McDonald's in three new renewable energy VPPAs" H2energy news 2020.12.8

18　経済産業省「バーチャルPPAの差金決済等に係る商品先物取引法上の考え方の公表について」2022.11.11

19　内閣府「参考資料 第17回要望一覧と各省からの回答」内閣府ホームページ 2022.11.11

20　前掲18、19

21　同上

22　村田製作所、三菱商事「カーボンニュートラル社会の実現に向けた協業の枠組みに合意〜日本最大級のバーチャルPPAを活用した再生可能エネルギー由来の電力調達に関する検討を開始〜」2022.6.24

23　東急建設、クリーンエナジーコネクト「国内初となる 建設現場を対象としたバーチャルPPAサービス契約を締結」2022.12.22

24　内藤克彦「変貌する再エネ価値の取引—再エネ証明から属性証明の時代へ」京都大学大学院経済学研究科再生エネルギー経済学講座 2022.6.2

25　同上

26　富田基史「カーボンクレジットの活用に関する動向と課題」電力中央研究所 2022.7.29

27　EPS "Green power partnership"

28　Todd Jones, Robin Quarrier、Maya Kelty "The Legal Basis for Renewable Energy Certificates" Center for Resource Solutions 2015.6.17

29　EPA "Offsets and RECs: What's the Difference?"

30　U.S. Environmental Protection Agency's Green Power Partnership "Renewable Energy Certificate (REC) Arbitrage" 2017.9

31〜35　*Ibid.*

36　ICE "Energy: Find opportunity in the transitioning energy market"

37　ICE "All futures, options, OTC products and physicals"

38　*op.cit. 3*

39　Wolfgang Karl Härdle, Brenda López Cabrera, Awdesch Melzer "Pricing Wind Power Futures" Journal of the Royal Statistical Society Series C: Applied Statistics Oxford Academic 2021.8.7

40　Nasdaq "Manage wind power production risks using German wind index futures, Wind Power Futures based on the German Wind Index NAREX WIDE"

41　Nodal "Nodal Exchange to Launch the First-Ever Washington Carbon Allowance and National Wind Renewable Energy Certificate Futures Contracts in Collaboration with IncubEx" 2022.11.14

42　国立環境研究所「環境展望台：バイオマス」

43 Adila McHich "Energy Average Price Options" 2020.12.6

44 Energy Insights "RIN" McKinsey"

45 EPA "Renewable Identification Numbers (RINs) under the Renewable Fuel Standard Program"

46 Nodal "Nodal and IncubEx to launch first-ever physically delivered RIN futures" 2020.10.9

47 ICE "Products-Futures & Options"

第7章

1 Siobhan Cleary et al. "How derivatives exchanges can promote sustainable development" the United Nations Sustainable Stock Exchanges (SSE) , the World Federation of Exchanges (WFE) 2021.5

2 OECD "OECD Due Diligence Guidance for Responsible Supply Chains of Minerals from Conflict-Affected and High-Risk Areas: Third Edition" OECD Publishing 2016

3 *op.cit. 1*、LME "Sustainability"

4 *op.cit. 1*

5 全国油脂事業協同組合連合会「UCオイルリサイクルとは」

6 UN "International Decade for Action'WATER FOR LIFE` 2005-2015"

7 日本貿易振興機構 (JETRO) ロサンゼルス事務所「カリフォルニア水ビジネス調査」 2015.3

8 *op.cit. 1*

9 LME "LMEpassport"

10 日本油料検定協会「MSPO認証について」2021.7.12

11 *op.cit. 1*

12 California Air Resources Board "Low Carbon Fuel Standard"

13 *Ibid.*

14 ICE Futures U.S. "California Low Carbon Fuel Standard Credit (OPIS) Future" 2023.3.3

15 International Maritime Organization "IMO sets 2020 date for ships to comply with low sulphur fuel oil requirement" 2016.10.28

第8章

1　Massimo Arnone,etc. "Catastrophic risks and the pricing of catastrophe equity put options" Computational Management Science 2021.3.18

2　Xingchun Wang "Valuation of new-designed contracts for catastrophe risk management" The North American Journal of Economics and Finance 2019.11

3　Joseph Iranya "Understanding catastrophe derivative contracts（CAT SWAPS）"Linkedin 2018.1.7

4　Nick May, Nicholas Rutter "Sustainability linked derivatives" Herbert Smith Freehills 2021.3.11

5　The World Bank "Insuring the Philippines Against Natural Disasters"

6　World Bank "The Philippines: Transferring the Cost of Severe Natural Disasters to Capital Markets" 201.12.3

7　Olga Roman "Innovating in ESG Derivatives" ESGInvestor 2021.4.16

8　Dominic Sutton-Vermeulen "Managing Climate Risk with CME Group Weather Futures and Options" CME 2021.1.20

9　気象庁「エルニーニョ／ラニーニャ現象」、「ヒートアイランド監視報告」

10　気象庁「静止気象衛星に関する懇談会：線状降水帯等の予測精度向上に向けて、ひまわり10号の着実な整備を」2023.8.1

11　weatherXchange "a platform which facilitates index-based weather risk transfer"

12　三井住友海上火災保険「メガソーラー総合補償プランの販売開始について」2012.6.20

13　米国商務省の天候に関する諸資料

14　Mark Nicholls"Confounding the Forecasts "Environmental Finance 2008.7

15　Dominic Sutton-Vermeulen "Managing Climate Risk with CME Group Weather Futures and Options" CME 2021.1.20

16〜18　*Ibid.*

19　Emily Balsamo、Anne Krema "CME Group Weather Suite Expanded" CME 2023.6.26

20　*op.cit. 15*

21　Ivana Štulec, Tomislav Bakovic, Kristina Petljak "Effectiveness of weather derivatives as a hedge against weather risk in agriculture" Agric. Econ. Czech 2018.3

22　株式会社Looop「業界初の気温変化と日射量変化を取引対象とする天候デリバティブ商品を三井住友海上と共同開発」2020.10.15

23　日本農業法人協会「天候リスクヘッジ制度」

・CDP「CDP2023 サプライヤー・エンゲージメント評価イントロダクションCDP気候変動プログラム 2023」2023.6.12

・石島博、伊藤隆敏、前田章、真鍋友則「負のカーボンリスクプレミアム」JAREFE日本不動産金融工学学会 2021.9.24

・石田雅也「コーポレート PPA 実践ガイドブック」自然エネルギー財団 2020.9

・磯部昌吾「排出権取引をビジネス化する欧州金融業界」野村サステナビリティクォータリー 2022winter

・王婷「中国の全国統一炭素排出権取引市場が始動」日本総研 2021.7.27

・沖本竜義「炭素排出量の金融市場における評価」Research Digest No.0142経済産業研究所

・金子憲治「PPAは最終的にはバーチャル型に移行へ、中山・京大特定講師」メガソーラービジネス 2020.10.22

・河口真理子「気候変動対策としての排出権取引を考える」証券アナリストジャーナル 2009.2

・刈屋武昭編著「天候リスクの戦略的経営」朝倉書店 2005.12

・環境省「カーボン・オフセットガイドライン Ver.2.0」2021.3.19
　　　　「グリーンボンドガイドライン及びサステナビリティ・リンク・ボンドガイドライン 2022年版、グリーンローン及びサステナビリティ・リンク・ローンガイドライン2022年版の公表について」2022.7.5
　　　　「我が国におけるカーボン・オフセットのあり方について（指針）第3版」
　　　　国内排出量取引制度検討会「国内排出量取引制度のあり方について中間まとめ」2008.5
　　　　地球温暖化対策課 市場メカニズム室「国内排出量取引制度について」2013.7

・環境省・経済産業省「排出量算定について」

・環境省・みずほリサーチ＆テクノロジーズ「オフサイトコーポレートPPAについて」2022.3

・気象庁「エルニーニョ / ラニーニャ現象」、「ヒートアイランド監視報告」
　　　　「企業の天候リスクと中長期気象予報の活用に関する調査報告書」企業の天候リスクと中長期気象予報の活用研究会2002.3
　　　　「静止気象衛星に関する懇談会：線状降水帯等の予測精度向上に向けて、ひまわり10号の着実な整備を」2023.8.1
　　　　委託調査「企業の天候リスクと中長期気象予報の活用に関する調査報告書」2002.3

・北川哲雄、佐藤淑子、松田千恵子、加藤晃「サステナブル経営と資本市場」日本経済新聞出版社 2019.2.26

・金融庁「資産運用業高度化プログレスレポート 2022」2022.5

・國田かおる編著「カーボン・オフセット」工業調査会2008.5

- 経済産業省「カーボン・クレジット・レポート」カーボン・ニュートラルの実現に向けたカーボン・クレジットの適切な活用のための環境整備に関する検討会 2022.6
  ──「主要排出量取引制度の概要」
  ──産業技術環境局環境経済室「GXリーグについて」2022.4.27
- 国際協力銀行「国際協力銀行による本邦企業海外進出支援」世界銀行理事室丸嶋（国際協力銀行より出向）
- 国際協力銀行・海外投融資情報財団「排出権の円滑な管理のための信託機能活用研究会報告」2007.3
- 国連環境計画・金融イニシアティブ（UNEP FI）、国連グローバル・コンパクト「責任投資原則」2021
- 佐藤仁人他「排出量取引とカーボン・クレジットのすべて」野村総合研究所エネルギーフォーラム 2023.10.12
- 澤山弘「テイクオフした風力発電事業」信金中央金庫総合研究所 2006.5
- 資源エネルギー庁「2018年5月から始まる「非化石証書」で、CO_2フリーの電気の購入も可能に？」2018.5.11
- 菅原繁男、松永悠子、横山天宗「株式市場における環境ファンドの意義」証券アナリストジャーナル 2009.2
- 冨田秀実「ESG投資時代の持続可能な調達」日経BP 2018.9.28
- 富田宏「排出権取引の実験場：欧州排出権取引制度」証券アナリストジャーナル 2009.2
- 富田基史「カーボン・クレジットの活用に関する動向と課題」電力中央研究所 2022.7.29
- 内閣府「バーチャルPPAの差金決済等に係る商品先物取引法上の考え方の公表について」2022.11.11
- 内藤克彦「変貌する再エネ価値の取引―再エネ証明から属性証明の時代へ」京都大学大学院経済学研究科再生エネルギー経済学講座 2022.6.2
- 日本貿易振興機構（JETRO）ロサンゼルス事務所「カリフォルニア水ビジネス調査」2015.3
- 日本油料検定協会「MSPO認証について」2021.7.12
- 野村総合研究所「カーボン・ニュートラル」日経BP日本経済新聞出版社 2022.6.16
- 土方薫「総論　天候デリバティブ─天候デリバティブのすべて」シグマベイキャピタル 2003.1
- 藤井良広「CO_2削減とカーボン・ファイナンス」経済法令研究会 2008.11
  ──「サステナブルファイナンス攻防―理念の追求と市場の覇権」きんざい 2021.2.9
- 水口剛編著「サステナブルファイナンスの時代―ESG/SDGsと債券市場」きんざい 2019.7.1

・湯山智教編著「ESG投資とパフォーマンス—SDGs・持続可能な社会に向けた投資はど うあるべきか」きんざい 2020.9.30

・若林美奈子、河村豪俊「コーポレート PPA（第3弾）—バーチャル PPA への商品先物取 引 法 の 適 否」、"Corporate PPAs（No.3）- Application of Commodity Derivatives Transaction Act to Virtual PPAs", Orrick, Herrington & Sutcliffe LLP 2022.11.17

・Aaron Ezroj "Carbon Risk and Green Finance" Routledge 2020.12.27

・Alexander Blasberg, Rüdiger Kiesel, Luca Taschini "Carbon default swap-disentangling the exposure to carbon risk through CDS" The Centre for Climate Change Economics and Policy (CCCEP), The Grantham Research Institute on Climate Change and the Environment 2023.1

・Alexander Lipton et.al "The Oxford Handbook of Credit Derivatives" OUP Oxford 2013.11.7

・Andrew Eve "You can trade ESG credit default swaps later this month: 3 implications for all investors" Bond Vigilantes 2020.6.5

・APLMA, LMA, LSTA "Guidance on Sustainability Linked Loan Principles", "Sustainability Linked Loan Principles" 2023.2

・Basel Committee on Banking Supervision "Climate-related risk drivers and their transmission channels" Bank for International Settlements 2021.4
——"Climate-related financial risks-measurement methodologies" Bank for International Settlements 2021.4
——"Climate-related risk drivers and their transmission channels" 2021.4

・BDO UK "ESG Derivatives: a new way to promote sustainability" 2021.10.22

・Bolton, P. and M. Kacperczyk "Do investors care about carbon risk?", Journal of Financial Economics 2021

・Charles W Donovan "Renewable Energy Finance: Funding The Future Of Energy" World Scientific Publishing Europe Ltd 2020.5.8

・Dirk Schoenmaker, Willem Schramade "Principles of Sustainable Finance" OUP Oxford 2018.12.13

・Dominic Sutton-Vermeulen "Managing Climate Risk with CME Group Weather Futures and Options" CME 2021.1.20

・Elena Parmigiani "The Pricing of Weather Derivatives including Meteorological Forecasts" GRIN Verlag 2014.2.24

・Emily Balsamo, Anne Krema "CME Group Weather Suite Expanded" CME 2023.6.26

- EPA (U.S. Environmental Protection Agency) "Offsets and RECs: What's the Difference?"
——"Renewable Energy Certificate (REC) Arbitrage" 2017.9
—— "Renewable Identification Numbers (RINs) under the Renewable Fuel Standard Program"
- EUREX "Derivatives markets 2022 Focus: Sustainability& investing" 2022.6
- Financial Conduct Authority "Climate Change and Green Finance: summary of responses and next steps" 2019.10
- Florian Barth, Benjamin Hübel, Hendrik Scholz "ESG and corporate credit spreads" EconPapers, Örebro University School of Business 2019.7
- Gerardus Blokdyk "Weather Derivatives A Complete Guide" 5STARCooks 2020.10.13
- Giese, G., L.-E. Lee, D. Melas, Z. Nagy, and L. Nishikawa. "Foundations of ESG Investing: How ESG Affects Equity Valuation, Risk and Performance." The Journal of Portfolio Management 2019
- Geoff Chaplin "Credit Derivatives: Trading, Investing, and Risk Management" Wiley 2010.3.30
- Ricardo Bayon 、Amanda Hawn, Katherine Hamilton "Voluntary Carbon Markets: An International Business Guide to What They Are and How They Work" Routledge 2012.5.16
- Herman Bril, Georg Kell, Andreas Rasche et.al "Sustainable Investing: A Path to a New Horizon" Routledge 2020.9.24
- Howard Corb "Interest Rate Swaps and Other Derivatives" Columbia Business School Publishing 2012.8.28
- IHS Markit "iTraxx MSCI ESG Screened Europe Index Rules" 2020.3
- International Capital Market Association "Green Bond Principles Voluntary Process Guidelines for Issuing Green Bonds" 2021.6
- International Energy Agency "Net Zero by 2050 A Roadmap for the Global Energy Sector" Revised version (2nd revision) 2021.6
- ISDA "Energy Security and the Road to Net Zero: the Role of the Derivatives Market" 2023.5
——"Overview of ESG-related Derivatives Products and Transactions" 2021.1
——"Regulatory Considerations for Sustainability-linked Derivatives" 2021.12.1
——"Role of Derivatives in Carbon Markets" 2021.9
——"Sustainability-linked Derivatives: KPI Guidelines" 2021.9
——"The Way Forward For Sustainability-linked Derivatives" 2022.11

- Ivana Štulec, Tomislav Bakovic, Kristina Petljak "Effectiveness of weather derivatives as a hedge against weather risk in agriculture" Agric. Econ. Czech 2018.3
- Jerry de Leeuw "Weather derivatives: Weather risk, managing exposures and hedging tools" Entrima 2022.2.26
- Joanne Morrison "Managing Weather Risk" Futures Industry 2009.1&2
- John C Hull "Options, Futures, and Other Derivatives, Global Edition" Pearson Education 2021.6.24
- JoostL.M.Kanen "CarbonTrading&Pricing" EnvironmentalFinance, FultonPublishing (「排出権市場の価格メカニズム」大槻雅彦、上田善紹訳 金融財政事情研究会 2008.7)
- Joseph Iranya "Understanding catastrophe derivative contracts (CAT SWAPS)" Linkedin 2018.1.7
- Julian Kolbel, Markus Leippold, Jordy Rillaerts, Qian Wang "Does the CDS market reflect regulatory climate risk disclosures?" SSRN 2020.6.2
- Karel Lannoo, Apostolos Thomadakis "Derivatives in Sustainable Finance Enabling the green transition" The European Capital Markets Institute (ECMI) 2020
- Karsten Neuhoff et al. "Banking of surplus emissions allowances" Discussion Papers Deutsches Institut für Wirtschaftsforschung (DIW) Berlin 2012.3.8
- Lynn Strongin Dodds "ESG Derivatives: A Slow Greening of the Market" 2021.7.13
- Marie Kemplay "Sustainability-linked derivatives markets primed for growth" Sustainable Views 2022.1.12
- Mark Garman, Carlos Blanco, Robert Erickson "Weather Derivatives: Instruments and Pricing Issues" Environmental Finance 2000.3
- Massimo Arnone,etc. "Catastrophic risks and the pricing of catastrophe equity put options" Computational Management Science 2021.3.18
- Monty HOST Hobbs "Private Sector Voluntary Carbon Markets Taskforce Established to Help Meet Climate Goals" 2020.9.2
- Nader Naifar, Ahmed Elsayed et al. "Green Finance Instruments, FinTech, and Investment Strategies: Sustainable Portfolio Management in the Post-COVID Era" Springer 2023.6.24
- Neil C. Schofield "Commodity Derivatives: Markets and Applications" The Wiley Finance Series 2021.5.11
- Nick May, Nicholas Rutter "Sustainability linked derivatives" Herbert Smith Freehills 2021.3.11
- Nuno Fernandes "Climate Finance" NPV Publishing 2023.3.18

- OECD "OECD Due Diligence Guidance for Responsible Supply Chains of Minerals from Conflict-Affected and High-Risk Areas: Third Edition" OECD Publishing 2016
- Olga Roman "Innovating in ESG Derivatives" ISDA ESGInvestor 2021.4.16
- RGGI"Annual Report on The Market for RGGI CO_2 Allowances: 2022" 2023.4
- Rohit Mendiratta, Hitendra D. Varsani, Guido Giese "How ESG Affected Corporate Credit Risk and Performance" MSCI The journal of impact & ESGinvesting 2021winter
- Santosh Raikar, Seabron Adamson "Renewable Energy Finance: Theory and Practice" Academic Press 2019.12.4
- Simon Smiles, James Purcell "Sustainable Investing in Practice: ESG Challenges and Opportunities" Kogan Page 2023.1.3
- Simon Thompson "Green and Sustainable Finance: Principles and Practice" Kogan Page Ltd 2021.3.30
- Siobhan Cleary et al. "How derivatives exchanges can promote sustainable development" the United Nations Sustainable Stock Exchanges (SSE), the World Federation of Exchanges (WFE) 2021.5
- Stormexchange "What every CFO needs to know now about Weather risk management", CMEgroup 2016
- Sustainable Investment Club "Sustainability-Linked Derivatives" 2022.8.6
- Tatsuyoshi Okimoto, Sumiko Takaoka "Credit Default Swaps and Corporate Carbon Emissions in Japan" RIETI Discussion Paper 2022.10
- TCFD "Task Force on Climate-related Financial Disclosures 2020 Status Report" 2020.10
- The Global Sustainable Investment Alliance (GSIA) "the Global Sustainable Investment Review 2018" 2018
- The London Stock Exchange "Voluntary Carbon Market" 2022.10
- Todd Jones, Robin Quarrier、Maya Kelty "The Legal Basis for Renewable Energy Certificates" Center for Resource Solutions 2015.6.17
- Wolfgang Karl Härdle, Brenda López Cabrera, Awdesch Melzer "Pricing Wind Power Futures" Journal of the Royal Statistical Society Series C: Applied Statistics Oxford Academic 2021.8.7
- Xingchun Wang "Valuation of new-designed contracts for catastrophe risk management" The North American Journal of Economics and Finance 2019.11

▶ 著者プロフィール ....

可児 滋（かに しげる）

岐阜県出身

日本銀行入行・岡山支店長・検査局検査役・文書局長
東京金融先物取引所常任監事・シニアアドバイザー
東京証券取引所常任監事・常務理事
日本電気株式会社常勤顧問
日本証券アナリスト協会理事
拓殖大学大学院非常勤講師・客員教授
法政大学大学院客員教授
文教大学大学院非常勤講師
横浜商科大学商学部教授
等を歴任

CFA認定証券アナリスト（CFA）
日本証券アナリスト協会認定アナリスト（CMA）
国際公認投資アナリスト（CIIA）
Certified Financial Planner（CFP）
1級ファイナンシャル・プランニング（FP）技能士
日本金融学会会員
日本ファイナンス学会会員

著書
・サステナビリティ×フィンテック 日本橋出版 2023/4/21
・グリーンファイナンス 日本橋出版 2022/3/3
・ポストコロナのインフラDX戦略 日本橋出版 2021/5/31
・チャレンジャーバンクの挑戦 日本橋出版 2020/10/19
・究極のオープンイノベーション・ビジネスエコシステム 日本橋出版 2020/1/14
・デリバティブの落とし穴 日本経済新聞出版社 2004/5/24
・デリバティブがわかる（共著）日本経済新聞出版社 2012/6/16
・先物市場から未来を読む（Leo Melamed 著、翻訳）日本経済新聞出版社 2010/11/23
・フィンテック大全 金融財政事情研究会 2017/7/11
・実践オルタナティブ投資戦略 日本評論社 2016/8/12
・金融技術100の疑問 時事通信社 2010/8/1
・英和和英デリバティブ・証券化用語辞典 中央経済社 2009/3/1
・環境と金融ビジネス 銀行研修社 2011/1/1
等、多数

究極のリスクマネジメント　サステナブル・デリバティブ

2024 年 3 月 7 日　　第 1 刷発行

著　者 ——— 可児滋
発　行 ——— 日本橋出版
　　　　　　〒 103-0023　東京都中央区日本橋本町 2-3-15
　　　　　　https://nihonbashi-pub.co.jp/
　　　　　　電話／ 03-6273-2638
発　売 ——— 星雲社（共同出版社・流通責任出版社）
　　　　　　〒 112-0005　東京都文京区水道 1-3-30
　　　　　　電話／ 03-3868-3275
Ⓒ Shigeru Kani Printed in Japan
ISBN 978-4-434-33538-9